图书在版编目（CIP）数据

二十五史名句赏析 / 游红编著. --西安：三秦出版社，2017.9（2018.3重印）

（中华经典国学口袋书 / 徐喜平主编）

ISBN 978-7-5518-1617-5

Ⅰ. ①二… Ⅱ. ①游… Ⅲ. ①二十五史－名句－鉴赏 Ⅳ. ①K204. 1

中国版本图书馆CIP数据核字（2017）第206730号

出品人　支旭仲
项目策划　匡俊英　白忠平
责　　编　杨　珂
封面设计　陈　非
版式设计　高东海
内文排版　白英华

出版发行　陕西新华出版传媒集团　三秦出版社
地　　址　西安市北大街147号
电　　话　（029）87205121
网　　址　http://www.sqcbs.cn

规　　格　720mm×910mm　1/32
　　　　　印张7　彩插7　字数67千字
印　　刷　西安新华印务有限公司（独家承印）
版　　次　2017年9月第1版　2018年3月第2次印刷
标准书号　ISBN 978-7-5518-1617-5
定　　价　18.00元

凡有缺页、倒页、脱页，可与工厂直接调换。电话：029-84273850

出版说明

中华文明源远流长，上下五千年，圣贤相继，英才辈出，他们殚精竭虑、呕心沥血，为后人留下了一部部经典作品。这些“经典”如同金砖玉瓦，构建成了一座金碧辉煌的殿堂，我们称之为“国学”。其内容宏富，博大精深，可谓是中华思想文明的浓缩，中国传统文化的精髓，是先贤遗留下的宝贵精神财富，值得好好传承和大力弘扬。越来越多的人们认识到其价值，读国学、诵经典的热潮正在蓬勃兴起，既有数字阅读的风生水起，更有坚守或者回归传统纸质阅读的蔚然成风。

读纸质书，无疑有着其他阅读方式所无法比拟的独特体验，一册在手，可以边读边做批注、写札记、勾画重点，也可以掩卷深思，细细品读。这种探究式阅读方式，有利于人们学习知识、启迪智慧、提升修养、提高境界，也有利于培养孩子们安静学习、锤炼思想、闻着书香做学问的良好习惯。

为了倡导全民阅读，特别是推进纸质阅读，营造爱书、品书氛围，同时考虑到当下人们的生活日趋丰富多彩且节奏加快，闲暇时间越来越碎片化，读书时间相对减少，我们从浩如烟海的国学经典中精心遴选了80部，并对书的内容作了适度精简，编辑出版了“中华经典国学口袋书”系列丛书，希望吸引更多的人回归传统阅读，重视国学经典。“口袋书”，顾名思义就是可以放在口袋里的书籍，其目的就是为读者奉献易于携带、便于翻阅、开卷有益的精神食粮。使他们于居家出行、茶余饭后，随时信手展读，含英咀华，增知怡情。

本丛书涵盖了经史子集、诗词曲赋、笔记信札、经典名句赏析，可谓贯通古今、包罗万象，能够最大限度满足各层面读者的阅读需求。书中既有对照古籍原文的“白话文”，又有介绍典故出处、时代背景、人物事迹等辅助阅读的“注释”，还配以帮助读者理解和提高的“赏析”。使对国学造诣程度各异的读者都可以做到读通、读懂，真正做到了老少皆宜、雅俗共赏。

这套书不仅在内容上编排严谨、注解精当；在外观上也充分彰显书籍之美，版式新颖，设计考究、印装精美，必定会成为您工作生活中的良师益友，带给您全新的阅读感受。

前　言

《史记》《汉书》《后汉书》《三国志》，合称“前四史”，最为人推崇。《旧唐书·经籍志》在“前四史”之外，又将《晋书》《宋书》《南齐书》《梁书》《陈书》《后魏书》《北齐书》《周书》《隋书》载入正史，计十三史。宋代，将《南史》《北史》《新唐书》《新五代史》加进去，就有了“十七史”的称谓。明代嘉靖年间校刻历代史书，于“十七史”之外又增加《宋史》《辽史》《金史》《元史》，合称“二十一史”。清代乾隆年间官修《明史》告竣，又有“二十二史”的说法，清赵翼即有《廿二史札记》一书行世。后来清高宗弘历下诏在“二十二史”中增加《旧唐书》，从《永乐大典》中辑出薛居正撰《旧五代史》，合称“二十四史”，这个称谓一直沿至20世纪20年代初。1921年北洋军阀政府大总统徐世昌下令将《新元史》列入正史，这样，“二十五史”算是齐备了。

“二十五史”卷帙浩繁，规制宏大，相当一部分字句艰深，语意古奥，如非专业研究人员，恐怕在有生之年是难以“皓首穷经”，将其读完读透的。有鉴于此，我们才不揣冒昧，将“二十五史”中广为传颂的名言名句撮其要，择其精，编撰成《二十五史名句赏析》一书，供广大读者朋友们翻阅。

在《二十五史名句赏析》中，有关治国安民、德行教化、修齐治平、选贤任能、为官之道、处世之方、民本民生、重农抑商、文化专制、家庭伦理、邻里间巷、体用关系、环境保护、可持续发展，甚至于古代的唯物主义和辩证法思想，庙谟之言和人情日用等，都有所涉猎，从一个侧面反映了中国传统文化的博大精深，也为读者朋友们提供多方面的阅读和认识途径。

全书以朝代和史书为纬，以条

目为经，形成各自独立又前后联系的整体。每一条目又分为名言名句原文、注释、译文和赏析四个部分。希望借助这种形式，为读者朋友们学习中国传统文化提供方便。

由于编者水平有限，书中所选条目难免挂一漏万，存在错谬，甚或遗珠留椟，还请读者朋友们批评指正，不吝赐教。

目　录

《史记》名句

前事之不忘，后事之师也。

【注释】

选自《史记·秦始皇本纪》。

【译文】

吸取过去的经验教训，可以作为以后的借鉴。

【赏析】

有些人陷入以往的得失而不能自拔；有些人炫耀如今的光荣而津津乐道。但如果整日沉浸在追悔与夸耀之中，而不去总结经验与得失的话，那对自己的人生与事业是极其危险的。因此必须总结以往的成功经验，吸取曾经的失败教训，防止将来再度发生错误，不再重蹈覆辙，那才是有益之举。就这一点来说，前人已给我们总结出了极为宝贵的经验。

大行不顾细谨，大礼不辞小让。

【注释】

选自《史记·项羽本纪》。大行：干大事。顾：顾念，考虑。细谨：细微末节。辞：拒绝。让：责备。

【译文】

干大事的人可以不考虑细微末节，行大礼可以不回避小的责备。

【赏析】

这是樊哙在鸿门宴上劝说刘邦的一句话。当时宴会上的形势对刘邦极其不利，刘邦借上厕所之机准备逃走，但又担心失了礼节，故樊哙劝说。刘邦也因此躲过一劫。就当时情形来看，刘邦此举是不得已而为之，在关乎性命的关键时刻，也就顾不上什么“细谨”“小让”。但今天我们应辩证地看待这一问题，要想干出一番大的事业，对自己平时的一言一行等细微末节也应加以重视，小的过失要时常防范并及时改正，不断完善自己，才能成就一番宏图伟业。

楚虽三户，亡秦必楚。

【注释】

选自《史记·项羽本纪》。虽：即使。三户：指三户人家，极言其少。亡：灭亡，消亡。

【译文】

楚国即使只剩三户人家，灭亡秦国的必定还是楚国。

【赏析】

这是范增向项梁游说时分析天下形势而说的一句话，反映了当时的人心向背。他认为秦虽灭了六国，但天下人心并未服从，尤其是楚国人，与秦国有着不共戴天之仇。因为项氏家族世代都是楚国的将领，如果在江东起兵，楚地将领必会争着依附。所以就有了当时在楚地流行的预言秦亡的谶语。这也表明了楚人对秦的仇恨及反抗意识。秦统治后期，徭役频繁，赋税沉重，刑法残酷，为它的灭亡埋下了祸根，而后来的巨鹿之战的确加速了秦的灭亡。

项庄舞剑，意在沛公。

【注释】

选自《史记·项羽本纪》。意：意图。

【译文】

项庄舞剑的目的在于刺杀刘邦。

【赏析】

鸿门宴上，虽然项羽一开始对刘邦有所怀疑但并没有杀他的意思，倒是范增想杀了他以绝后患。所以宴饮的过程中，他让项庄以舞剑助兴为名，准备乘机杀死刘邦，刘邦的谋士张良对樊哙说："今者项庄拔剑舞，其意常在沛公也。"后即用以比喻说话或行动虽然表面上另有名目，实则想乘机害人。

外举不隐仇，内举不隐子。

【注释】

选自《史记·晋世家》。举：提拔，推举。隐：埋没。

【译文】

提拔外面的人才，不拒绝自己的仇人，推荐家人不回避自己的儿子。

【赏析】

春秋时，晋国的祁奚不避嫌疑，先后把自己的仇人解狐和自己的儿子祁午举荐给晋悼公，结果二人都很称职。这则故事说明了任才应以举贤，而不应以个人的好恶为出发点。只有真正做到公正无私，才能使国富民强。

家贫则思良妻，国乱则思良相。

【注释】

选自《史记·魏世家》。思：思慕，怀念。乱：混乱，动乱。

【译文】

家境贫寒就会思慕贤惠的妻子，国家动荡就会渴望有才能的宰相。

【赏析】

魏文侯的宰相有两个候选人，一个是魏成子；另一个是翟璜。魏文侯没有主意就去征求李克的意见。李克说："平时考察他亲近的人，富贵时考察他交往的人，做官时考察他举荐的人，穷困时考察他不做的事，贫贱时考察他不要的东西。"这里，李克提出了辨别和选拔人才的方法问题。即看一个人操守品德如何，主要是看他面对贫穷与富贵、低贱与腾达时如何为人处事，而不是听他的自吹自擂。只有恭谦有礼让的君子才能担当起治国的重任。

一沐三捉发，一饭三吐哺。

【注释】

选自《史记·鲁周公世家》。沐：洗头发。吐哺：吐出口中所吃食物。

【译文】

洗一次头三次提起头发，吃一顿饭三次吐出口中的食物，为的是接待来客。

【赏析】

这是周公告诫伯禽自己虚己纳士时的一句话。周公是三朝元老，地位一人之下万人之上，但尚能“一沐三捉发，一饭三吐哺”，频频起身接待来访的人，唯恐失去天下有才能的人。说明周公懂得尊重人才，诚心待士，对人才极为重视，也说明人才对治国平天下极为重要。

仓廪实而知礼节，衣食足而知荣辱。

【注释】

选自《史记·管晏列传》。仓廪：仓库。实：充实。荣辱：光荣和耻辱。

【译文】

仓库充实，人民就懂得礼节；衣食丰裕，人民就知道光荣和耻辱。

【赏析】

这是管仲担任齐国丞相之后齐国的一项施政方针，他与百姓同好恶，通过货物流通、积累资财很快使齐国走上了国富兵强的道路。他认为，人民生活富裕，府库财富充盈，礼仪就能得到发扬，政令才能畅通无阻。管仲抓住了治国的根本，经过多年的治理，齐国逐渐强盛起来，成为春秋第一霸，历史上也有了齐桓公“九合诸侯，一匡天下”的记载。

燕雀安知鸿鹄之志哉。

【注释】

选自《史记 · 陈涉世家》。燕雀：指燕子和麻雀。鸿鹄：指大雁和天鹅。安：哪里，怎么。

【译文】

燕子和麻雀怎么能知道大雁和天鹅的志向呢？

【赏析】

秦二世残暴荒淫，各地百姓纷纷揭竿而起。其中规模最大、影响最广的首推陈胜、吴广起义。起义之前为人佣耕时，陈胜曾向同伴发出“苟富贵，无相忘”的感慨，但遭到众人的讥讽，于是他又喟叹：“燕雀安知鸿鹄之志哉。”说明了一个农民起义领袖的远大抱负和志向。因此，后人常把那些目光短浅之人比作低飞的燕雀，把那些志存高远的人比喻为高飞的鸿鹄。

积羽沉舟，群轻折轴，众口铄金，积毁销骨。

【注释】

选自《史记·张仪列传》。积：积累。沉舟：使船沉没。群：众，众多。折轴：压断车轴。铄金：熔化金子。积：多次。毁：诽谤。销：熔化。

【译文】

羽毛虽轻，堆积多了也可以把船压沉；一大堆不重的东西，堆积多了也能压断车轴；众人异口同声的言论，能够混淆是非；不止一次的毁谤，积累下来也足以致人于毁灭之地。

【赏析】

微小的错误如果不能够及时改正，很有可能铸下大错，彻底毁掉一个人。所谓“勿以恶小而为之”说的就是这个道理。虽然人家说的话并不符合事实，但若说的次数多了，谎言也能变成真理，多少正直的人就是被众人的唾沫淹死的，真是人言可畏呀！为人处世不得不慎。

当断不断，反受其乱。

【注释】

选自《史记·春申君列传》。断：判断，决定。乱：祸害。

【译文】

到了应该做出决断的时候，而不能决断，反过来就要遭受祸害。

【赏析】

做事要果断而不武断，这样才能把事情做好。如果遇事优柔寡断、当断不断的话，就会错失很多良机。司马迁感叹当初春申君游说秦昭王，以及献身安排楚太子回国，头脑是多么明智；后来却受制于李园，没能采纳朱英的意见，又何其糊涂。因而当断不断是春申君晚境悲凉的原因，后人应该从这个历史故事中有所感悟。

日中则移，月满则亏。

【注释】

选自《史记·范睢蔡泽列传》。

【译文】

太阳中午以后就会偏斜，月亮圆满以后就会亏缺。

【赏析】

人生兴衰荣辱和日月盈亏这个自然规律一样，都是处于不断的变化发展当中。“日中则移，月满则亏”说明了天地间万事万物都会由盛而衰，达到极盛之后就要衰落。人只有随时势变化进退伸缩，才不失为圣人。蔡泽以秦国的商君、楚国的吴起、越国的大夫文种的不幸结局启迪范雎，在充分地肯定了范雎施展聪明才智为君主安定危局、修明政治、平定变乱、排除灾难、扩充疆土、发展农业、充实国库，使百姓富足、君王显赫，威震天下的功绩之后，用“日中则移，月满则亏”的道理，告诫他事物发展到顶点就会衰落，顺应自然规律，适应形势变化，急流勇退才是圣贤之道。接着又从范雎个人怨仇已经了结，恩德已经报答，身高位尊，富贵荣华，心愿全都实现为由，劝告他如不引退，则会重蹈商鞅、吴起和大夫文种的覆辙，他们的悲剧就是因为功成名就之后不懂得及时隐退造成的。蔡泽以这几位历史人物来劝范雎急流勇退。

祸兮，福所倚；福兮，祸所伏。

【注释】

选自《史记·屈原贾生列传》。兮：助词，跟现代的“啊”相似。倚：靠，倚仗。伏：隐藏。

【译文】

灾祸傍依着福，幸福隐藏着祸。

【赏析】

任何事物都不是绝对不变的，都是辩证统一的，都是会向对立面转化的。这是哲学上的一条根本规律。这一规律揭示了“福”与“祸”之间的关系。如果人们遭受灾祸而能够吸取教训，就可以让灾祸成为过去，让幸福来临。如果人们在幸福之中骄奢淫逸，那么就会让幸福离开而让灾祸来临。老子关于福祸的名言“祸兮，福之所倚；福兮，祸之所伏”最具代表性。一个人如果能做到“胜不骄，败不馁；喜不乐，忧不悲”的话，那他就是一个平凡而又不普通的人。

士为知己者死，女为说己者容。

【注释】

选自《史记·刺客列传》。士：男子的通称。知己：了解自己的人，好朋友。说：通“悦”，使高兴，使喜欢。容：装饰打扮。

【译文】

大丈夫甘愿为了解和赏识自己的人去死，美女情愿为爱慕自己的人修饰容貌。

【赏析】

晋国人豫让曾服事范中行氏，不得重用，后做智伯家臣，智伯对他很是尊宠。后来智伯被赵襄子所灭，豫让发誓说：“士为知己者死”，于是改名换姓，乔装打扮，多次行刺赵襄子，但都没能如愿，最后不得已以死报答智伯对他的知遇之恩。这句话很符合一向以仁义为道德典范的中国传统，因此千古流传。

太山不让土壤，故能成其大；河海不择细流，故能就其深；王者不却众庶，故能明其德。

【注释】

选自《史记·李斯列传》。让：辞却，拒绝。就：成。众庶：百姓。

【译文】

泰山不拒绝土壤，所以能成就它的高大；河海不舍弃细小的溪流，所以能成就它的深远；为国之君不推却百姓，所以能使他的德行圣明。

【赏析】

这三句话出自李斯《谏逐客书》。当时，秦灭六国已是大势所趋，为秦效力的客卿逐渐增多，影响了本国宗室贵族的权势，于是这些贵族们就借郑国间谍案发难，企图夺回失去的权势。秦王政果然下令逐客，李斯自然也在被逐之列，临走，他愤然给秦王政上了这封谏书。在谏书中，李斯以泰山、河海作比喻，从正反两个方面说明“逐客”为一大失策，分析了用客与逐客对秦的利害关系，系秦国的安危、秦王的帝业于笔端，证明了客卿在秦的发展壮大过程中的独特作用。论点鲜明，论据有力，说服力极强，深刻打动秦王政之心，而使一代雄主当即收回成命。

智者千虑，必有一失；愚者千虑，必有一得。

【注释】

选自《史记·淮阴侯列传》。智：聪明，智慧。虑：思考，谋划。愚：蠢笨，无知。得：得到，获得。

【译文】

聪明的人在上千次考虑中，总会有一次失误；愚蠢的人在上千次考虑中，总会有一次收获。

【赏析】

这几句话说明任何事情都不是绝对的、一成不变的，蕴含了一种朴素的辩证法思想，说明任何事物都是一分为二的，聪明之人不可能永远聪明，他也有失误的时候，只要正确对待失误，才能将它降低到最少。反之，看似愚笨的人，他也有聪明的时候，只要加以学习，就会有所收获。

骐骥之跼躅，不如驽马之安步。

【注释】

选自《史记·淮阴侯列传》。骐骥：泛指骏马。跼躅：徘徊不前。驽马：劣马。安步：稳步走路。

【译文】

骏马徘徊不进，不如劣马稳步向前。

【赏析】

蒯通认为：做大事的人，不要受细小的事情所羁绊，做事情要果断。迟疑不决是成大事者的致命弱点。这显然是他游说韩信背叛汉王的言辞。说明付诸行动是最可贵的。功业难于成功但容易失败，机会难得却容易丧失，时机失去了就不会再来。任何人无论自身条件如何，只要有毅力，脚踏实地，一步一个脚印努力向前，都会有所收获。那些优柔寡断，左顾右盼，徘徊不前者，即使自己条件再优越也不会成功。希望学有所成、业有所就的人都能以此为诫。

千金之裘，非一狐之腋也；台榭之榱，非一木之枝也；三代之际，非一士之智也。

【注释】

选自《史记·刘敬叔孙通列传》。裘：毛皮衣。

腋：腋窝，特指腋下的毛皮。榭：建在台上的高屋。榱：椽子。

【译文】

价值千金的狐皮衣，不是一只狐狸的腋皮制成的；楼台亭榭的椽木，不是一棵树上的枝条能建成的；夏、商、周三代的功业，不是靠一个人的智慧能完成的。

【赏析】

什么事情都不可能一蹴而就，都有其艰辛的累积过程。千金之裘、台榭之榱、三代之际无不如此，汉高祖刘邦的功业也是汇集了众多谋臣良将的智慧才建成的。刘敬放下车杆提了一个建议，就建立了长期安定的格局。叔孙通着眼世俗，根据当代事物而制定礼仪，进退去留依照时势的变化，终于成为汉朝的儒家大师。因此，一场伟大的斗争，一项伟大的事业，需要多方面人才的共同努力，需要集中群众的智慧才能取得成功。“集思广益”这个成语说的就是这个道理。

其身正，不令而行；其身不正，虽令不从。

【注释】

选自《史记·李将军列传》。身：自身，本身。正：

正派，正直。令：发布命令。行：做，行施。从：听从，顺从。

【译文】

在上位的人本身行为端正，即使不下命令，人们也会遵守奉行。在上位的人本身行为不端正，即使发出命令人们也不会遵守奉行。

【赏析】

此语出自《论语·子路》。李将军虽不善言谈，但他为人诚恳质朴，死后受到了天下人的悼念。司马迁引用这两句话，意在赞扬他的为人、他的品质确实得到了士大夫们的信任。由此也说明这样一个道理，作为统治者要处处以身作则，率先垂范，不是用言语而是要用自己的行为感召天下，“上行下效”，这样才能使自己的国家兴旺起来。否则，自己一心享受而滥发施令，终会使人心怨恨而离散，导致社会的无序和混乱。

匈奴未灭，无以家为也。

【注释】

选自《史记·卫将军骠骑列传》。

【译文】

匈奴没有消灭，哪有心思顾家呢？

【赏析】

霍去病是大将卫青的外甥，年纪虽轻，但已立有赫赫战功，深为汉武帝喜欢。武帝曾为他兴建府第，并让他前去视察，他却以："匈奴未灭，无以家为也？"来回答汉武帝对他的关心。这句话表达了他誓把匈奴逐出中原，使汉朝边塞永保安宁的决心和爱国情怀。古往今来，多少像霍去病这样的仁人志士对于祖祖辈辈"生于斯，长于斯"的祖国都怀有最自然、最深厚的感情，并把这份强烈的爱国情感化为自己生命的一部分，把智慧和力量贡献于她。在历史发展的长河中，多少仁人志士抛头颅、洒热血，以一己之牺牲来换取整个民族的胜利，他们的精神万古长青。

其言必信，其行必果，已诺必诚。

【注释】

选自《史记·游侠列传》。信：信用。诚：真心实意。

【译文】

人说话必须讲信用，做事要果断，已经许下的诺言一定要真心实意地去履行。

【赏析】

言必信，行必果，诺必诚。这不仅是司马迁对游侠品格的概括，同时也是一个君子应该具备的基本素质。他们说话讲信用，行动勇敢果断，答应人家、承诺人家的都必定做到，不贪生怕死，敢于赴汤蹈火，救人危难，在经历一番生死搏斗之后，不夸耀自己的能耐，不矜夸自己的功德，这就是值得我们赞美的地方，也正是我们做人最重要最根本的思想品质。它是沟通人与人心灵的桥梁，是克服冷漠孤寂的良剂。唯有讲求信用，讲求真诚，才会赢得别人的信赖和帮助。在生活中我们也应善于抓住机遇，果断处事，充满自信地迎接每一次挑战。

飞鸟尽，良弓藏。

【注释】

选自《史记·越王勾践世家》。尽：完。良：好，优。

【译文】

飞鸟被捕完了，良弓自然要收藏起来。

【赏析】

如果一个人功盖压主的话，就算他多么劳苦功高，受到过多么大的恩宠，如果不急流勇退，另寻乐土的话，将不会善终。张良、范蠡等人功成身退，急流勇退，常让后人感叹称赏；而李斯为秦国建立功勋却身亡，发出“出上蔡东门逐狡兔岂可得出”的哀鸣，正说明俗语说的“爬得越高，摔得越重”的道理。实际上，“走运”的人深知“见好就收”

的道理，他们随时愿意根据情况变化而修订策略，以抓住良机，全身而退。而一些在事业上“倒运”的人往往刚愎自用，自高自大，深为名利所累，最后也终将为名利所倒。

鸟之将死，其鸣也哀；人之将死，其言也善。

【注释】

选自《史记·滑稽列传》。善：友好，和气。

【译文】

鸟将要死的时候，它的叫声是悲哀的；人将要死时，他的话是善良的。

【赏析】

这句话见解很精辟，它认为再恶的人到了临死的时候也会说出善良的话，恢复本来善良的面目。总愿将自己内心最美好的东西奉献出来，给后人留下美好的回忆。

女无美恶，居宫见妒；士无贤不肖，入朝见疑。

【注释】

选自《史记·扁鹊仓公列传》。

【译文】

女子无论美丑，入宫便会遭到嫉妒；士无论贤与不贤，一旦走上仕途，难免会受到人们的怀疑。

【赏析】

善妒之人其实很悲哀，不但整日算计别人，自己过得也很不幸福。因此要尽量使自己的心清静，有爱心，做一个胸怀宽广的君子。士人任职于朝廷，就要被人怀疑，女人入宫，就要被人嫉妒。正因如此，汉代宫廷出现"人彘"的悲剧，唐代宫廷则有对"人猫"的恐惧，萧绎忌才而毒死刘之遴，隋代众儒妒能而欲杀孔颖达，薛道衡因诗句之美而被杀。世上只要有爱妒忌的小人，那些有才有貌者就有被害的危险。只有平时注意修身养性，才能形成一个有宽广的胸怀和私心较少的自我。

千羊之皮，不如一狐之腋；千人之诺诺，不如一士之谔谔。

【注释】

选自《史记·商君列传》。腋：狐皮的腋部价值最高。诺诺：随声附和。谔谔：正色直言。

【译文】

一千张羊皮，抵不上一领狐腋；一千个随声附和的人，抵不上一个正色直言的人。

【赏析】

商鞅的策士赵良认为：正因为周武王有很多敢于直言的臣下周朝才繁荣昌盛，殷纣王有很多不敢进谏的大臣殷商才灭亡。在这里赵良是借这个正反对照的故事进自己之言。做为一国之君要有周武王那样的态度。商鞅对此极为赞赏，他也深知，表面应酬的话是虚浮的，出自内心的话是真诚的，苦口危言是治病的药石，甜言蜜语是害人的病因。纵观历史也证明了这一道理，倡导直言争辩的君主，国家往往昌盛，而喜欢听阿谀奉承之词的国君，国家必定不能长久。

不鸣则已，一鸣惊人。

【注释】

选自《史记·滑稽列传》。

【译文】

不鸣叫则罢，一鸣叫必定让人震惊。

【赏析】

隐语是一种暗示的话语，受到一些人的喜欢，齐威王就是一个，一次淳于髡对他说："国中有大鸟，止之王庭，三年不飞又不鸣，王知此鸟何也？"王曰："此鸟不飞则已，一飞冲天，不鸣则已，一鸣惊人。"此鸟是齐威王的自喻，用大鸟的一飞冲天，比喻自己虽然暂时不露声色，实际上已做好了充分的准备，一旦行动起来便是震惊天下的大举动，充分表达了齐威王的远大抱负和理想。这句话现在经常用来形容不甘于下，有强烈出人头地之人的抱负。

天下熙熙，皆为利来；天下攘攘，皆为利往。

【注释】

选自《史记·货殖列传》。熙熙、攘攘：盛、多。

【译文】

天下人为了利益蜂拥而至，天下人为了利益各奔东西。

【赏析】

人生一世，无非是在追求"名利"二字，司马迁早就深刻地认识到了物质利益的重要性，充分肯定了人们对物质利益的追求是合理的。他认为求利致富是："人之性情，所不学而俱欲者也。"但是应持君子爱财，取之有道；士子求仕，正之以途的态度。

【岁华纪胜图】册 局部 ［明］吴彬 中国台北故宫博物院藏 56－1

【岁华纪胜图】册 局部 [明] 吴彬 中国台北故宫博物院藏 56-1

《汉书》名句

顺德者昌，逆德者亡。

【注释】

选自《汉书·高帝纪上》。逆：抵触，不顺从。

【译文】

顺应道德的人才会昌盛，忤逆道德的人必然灭亡。

【赏析】

这句话是刘邦向天下公布项羽杀义帝并号召各诸侯对他进行讨伐的"檄文"。正因为刘邦为自己与项羽的战争找到了一个堂皇的借口，争取到了多数诸侯的支持，因而使汉军在道义上和舆论上居于主动地位。现在这句话常用来警告那些不识时务之人或不按规律办事之人。

大风起兮云飞扬，威加海内兮归故乡，安得猛士兮守四方。

【注释】

选自《汉书·高帝纪下》。风：比喻群雄。云：比喻自己。海内：指国境以内。安得：怎么能够，哪里能够。

【译文】

大风刮起云彩飞扬，威镇海内，衣锦还乡，怎么能得到勇士守卫四方。

【赏析】

这首《大风歌》是刘邦平定黥布叛乱途经沛县与故人父老子弟饮酒时所作。这首歌气魄宏大，感情深远，既抒发了刘邦豪迈欢悦、豁达宽广的情怀，也反映出刘邦衣锦还乡、志得意满的心态，还包含有刘邦希望自己能够广纳人才（猛士）安定天下的宏愿。诗句十分传神地刻画出经过秦末农民战争的洗礼，在亡秦废墟上建立汉帝国的汉高祖刘邦的复杂心理，即在夺取政权以后对于进一步巩固政权的深思远虑及维护自己统治的愿望。《大风歌》言短旨远，语言质朴，在古代文学史上占了一席之地。

农，天下之大本，民所恃以生也。

【注释】

选自《汉书·文帝纪》。恃：依赖，倚仗。

【译文】

农业是国家的根本，是百姓赖以生存的衣食来源。

【赏析】

自古以来，农业一直都是国家的根本基础。汉文帝很注重发展农业，一再强调："农，天下之大本，民所恃以生也。"他一方面恢复古代的"籍田礼"，摆出带头种田的姿态以鼓励农耕，另一方面还多次减免田租，口赋和徭役也减少三分之二，使百姓的负担大大减轻，能够安心进行农业生产，社会经济也逐步恢复和发展起来，全国呈现出一派和平繁荣的景象，为日后的"文景之治"奠定了基础。因此不论在古代、现代还是将来，大力发展农业这一基本国策都要放在首要的位置上来。

过而不改，是谓过矣。

【注释】

选自《汉书·成帝纪》。过：过失。是：这。谓：叫作。

【译文】

有了过错而不悔改，这才叫过错。

【赏析】

一个人能够知错必改是有道德修养的表现。"人非圣贤，孰能无过？过而能改，善莫大焉。"但是，如果知错不改的话，那才是一大过失吧！因此，在人生的道路上，别怕犯错，只要每次都能及时悔改，有可能还会加快自己成功的步伐呢！

寒之于衣，不待轻暖；饥之于食，不待甘旨；饥寒至身，不顾廉耻。

【注释】

选自《汉书·食货志》。轻暖：狐裘或丝绵做的冬衣。甘旨：甜美的食物。

【译文】

在寒冷的天气，人不会去等待狐裘或丝绵做的冬衣；人在饥饿的时候，不会去等待甜美的食物；人在饥寒交迫之时，也就不会考虑到廉耻之心了。

【赏析】

普通老百姓每日忧心最多的就是生计问题了，只有解决了他们的温饱，才有可能施以教化，否则若生存得不到保障，又怎么谈廉耻之心呢？中国是个以农业为主的国家，长期以来一直是自给自足的小农经济占主导地位。在生产力低下、粮食生产仍很有限而商品经济不发达的情况下，粮食问题也就成了一个民生所系、与治乱密切相关的大问题，所此自古以来的人们对此传之、颂之、行之。然而它不一定是“绝对真理”，取长是必须的，然而弃短则有相当大的局限性。如果一个人对自己的短处和缺点只是采取舍弃或回避的态度，视而不见，将它包之、护之、避之，只能是害了自己，又害了他人。因此，一个人要得到发展，要得到进步和完善，就必须正确处理弃短和取长之间的关系，不能太注意其中的某一方面，必须二者同时兼顾，还要努力去克服自己的缺点和短处，否则事业和成功即使会属于自己，也不会长久。

《三国志》名句

吾预知当尔，非圣也，但更事多耳。

【注释】

选自《三国志·魏书一·武帝纪》。尔：如此，这样。更：经历。

【译文】

我事先知道事情会这样，我并非是圣人，只是我经历的事情多罢了。

【赏析】

“久病成良医”是说如果老是生病的话，自己也将会变成一个良医，是因为经历的多了。这个道理在历史故事中也可看出。建安十一年，安定太守毋丘兴将要赴任时，曹操告诫他说：“羌族打算和中原来往，应该让他们派人来，千万不要派人去，好人很难找到，派去的人一定会教羌族提出非分的要求，以便自己从中谋利，如不答应，就会失去羌人的心，要是答应了，又不利于国家。”毋丘兴到了安定郡后，派校尉范陵到了羌人那里，果然唆使羌人头子，请求让自己做属国都尉。曹操由此而说：“吾预知当尔，非圣也，但更事多耳。”可见曹操也不是什么圣人，之所以能料事如神，完全是自己的经验之谈。

有行之士未必能进取，进取之士未必能有行也。

【注释】

选自《三国志·魏书一·武帝纪》。

【译文】

有品行的人不一定能够上进，能够上进的人不一定有好的品行。

【赏析】

曹操是汉献帝的丞相，他位极人臣，汉献帝也给了他许多特殊的待遇。例如建安十九年，曹操到孟津后，汉献帝特许他设置旄头的仪仗，于是曹操下令说：“有行之士未必能进取，进取之士未必能有行也。”认为陈平虽无纯厚的德行，却奠定了汉朝的帝业，苏秦虽不守信用，却扶助了弱小的燕国。由此说来，每个人都有自己的优点和缺点，作为一国之君，对于任何人，只要有才能就不要废置不用。

正因为曹操有这样的见识，才会重用人才，充分发挥他们的才能，为自己统一北方在人力资源方面奠定了坚实的基础。

世之质文，随教而变。

【注释】

选自《三国志·魏书三·明帝纪》。质：朴实。文：有文采。

【译文】

天下文风的朴实或华美，是随教化而改变的。

【赏析】

“文以载道”一向是中国传统的为文理念。明帝曹睿曾下诏：“世之质文，随教而变。”他认为年轻后生应由学习经典而取得入仕的机会，没有广泛的训导，就不会有好的品德，并下令凡郎官、小吏能学通一经，并且具有管理百姓才能的，由博士进行考试，成绩优等者，立即加以任用。品行浮华，不学经典者，都加以黜免。这种能以一才而见赏、重用的时代在封建社会是很贤明的君主才会造就的，但是统治阶级这样把儒教作为控制人民思想和行动的工具，目的是役使百姓。

仁义岂有常，蹈之则君子，背之则小人。

【注释】

选自《三国志·魏书七·陈容传》。蹈：遵循，实行。

【译文】

仁义哪里有定数，遵循它就是君子，违背它就是小人。

【赏析】

士为知己者死，古代的人一直都是这么做的。三国时的陈容和臧洪既是同乡，也是上下属关系，当城池还没有被袁绍攻破时，臧洪派他出去，他没有走。城破后，他看到臧洪将被杀死，站起来对袁绍说："袁将军做大事，想要替天下除暴，却专门先杀忠义的人，哪里符合天意！臧洪的举动是为了郡将，为什么杀他！"袁绍很惭愧，手下人把陈容拉出去，对他说："你不是臧洪的同党，为何要白白地去送死？"陈容回头说："仁义岂有常，蹈之则君子，背之则小人，我宁愿同臧洪同日共死，也不和将军同日而生！"在这个故事里，陈容把"仁义"和"大丈夫"这个概念诠释到了极致，显示出了讲"仁义"的君子的高贵情操和可贵品质。

孝治天下者不绝人之亲，仁施四海者不乏人之祀。

【注释】

选自《三国志·魏书七·陈容传》。绝：净尽，穷尽。

【译文】

以孝治理天下的人不杀绝他人的亲属，把仁义广施四海的人不会缺少别人的祭祀之礼。

【赏析】

这是陈容被曹操擒获时说的一句话，他说："孝治天下者不绝人之亲，仁施四海者不乏人之祀。我母亲的死活与否在于您，不在于我。"曹操召养了陈容的母亲，为她送了终，并嫁出陈容的女儿，曹操以实际行动证明了他的为人。中国封建礼教以"孝"为先，行孝道是明君的必备条件之一。

王者之治，崇本抑末，务农重谷。

【注释】

选自《三国志·魏书十三·司马芝传》。本：农业。末：商业。

【译文】

国君治理国家，应该崇尚农业，抑制商业，确保农业生产而注重粮谷。

【赏析】

自古以来，中国一直是一个农业大国，实行的也是重农抑商政策。这几句是魏明帝的大司农司马芝的奏折上的话，他是针对诸农官各自勒令下属吏民从事商贩而奏的。他指出，现今吴、蜀还未消灭，战争连年不断，国家最紧要的事，就是粮谷和布帛这两件。天下的仓库都充实了，百姓就殷实富足，国家就能强盛。而目前诸典农官各治产业，谋求显著利润，对一统天下的大计来说，会造成无法估量的损失。司马芝“崇本抑末，务农重谷”的思想在当时的社会经济条件下无疑是正确的。但随着历史发展，这种思想主张也逐渐显现出它的弊端，在一定程度上阻碍了经济的快速发展。因此，在重视和发展农业的基础上，不能一味地抑制商业，而要适当地发展商业，促进流通，刺激消费，这样才能更快地发展社会经济。

为国者以民为基，民以衣食为本。

【注释】

选自《三国志·魏书十三·华歆传》。

【译文】

掌握国家大权的帝王以百姓作为他的根基，而百姓又以衣食作为他们生活的根本。

【赏析】

这是华歆上魏明帝的奏折。当时魏明帝派遣曹真从子午谷山道进军蜀汉，自己车驾则去许昌，华歆因此说："臣听说今年因为征兵服役，已在很大程度上荒废了农、桑生产。为国者以民为基，民以衣食为本。"他认为要使国家没有饥寒的忧患，百姓没有离乡背井的威胁，应尽量减少战争。历朝历代都是如此，如果战争频繁，百姓则会饱受战争、兵役及各种徭役之苦，使得生产废弛，百姓衣食无着，也会造成国库空虚，治理国家也就无从谈起。只有解决了百姓的温饱问题，使他们的生活安定下来，国家才能繁荣昌盛。

不下殿堂之上，而决胜于千里之外。

【注释】

选自《三国志·魏书十三·钟繇传》。

【译文】

人在殿堂上还没有下来，就能取得千里以外战场上的胜利。

【赏析】

这是钟毓上疏魏明帝的话。钟毓乃钟繇之子，很有乃父作风，十四岁就被封为散骑侍中。他认为计策贵在庙堂上谋算时就能取胜，军功崇尚在军营帐幕的谋划，不下殿堂之上，而决胜于千里之外。所以，皇上您的车驾应当留在中土镇守，以便作为给四方助威长势的后援。最后魏明帝采纳了钟毓的意见并提拔了他。由此说明一个智慧的指挥家不必凡事躬亲，只要他有很强的洞察力、决策力和审时度势的能力，就能取得战争的胜利。

一日纵敌，患在数世。

【注释】

选自《三国志·魏书十五·张既传》。纵：释放。世：代。

【译文】

放纵敌人一天，而祸患在于几代。

【赏析】

这是曹操的大将张既对自己的将士们说的一句话。当时曹军正与胡人抗击，士兵很疲倦，而敌军气势正盛，所以很多将士都不愿再战，而张既就是在此时说了这样一句话。他认为假如敌人撤退依托深山的话，那么追赶他们，就将遇到艰险的道路和粮尽的威胁；我们撤兵，那么敌人就会出山伺机侵扰。这样一来，战争就不能结束。正所谓“一日纵敌，患在数世。”于是张既率军继续出击，大败胡军。由此可以看出进行任何战役都要把握战机，乘胜追击，斩草除根，否则会遗害无穷。这是一名优秀的军事指挥家所应具备的基本素质，也是取得战争最终胜利的兵家战略。

良将不怯死以苟免，烈士不毁节以求生。

【注释】

选自《三国志·魏书十八·庞德传》。

【译文】

优秀的将领不会畏惧死亡而苟且偷生，忠烈之士不会毁坏名节而求得生存。

【赏析】

这是曹操大将庞德与关羽作战不利的情况下与督将成何说的一句话。他虽然战斗更勇猛，但是老天不助曹家，下了十多天大雨，江水暴涨，船被大水掀翻，庞德被关羽抓到。关羽劝其投降，但他“宁肯做国家的鬼，不做敌人的将”。终于被关羽杀害。魏文帝即位后，派使者到庞德墓上赐谥号，文书说：“你显示果敢坚毅，投身危难成就功名，声名溢满当时，节义称颂往昔。”对庞德的品行给予极高评价。

龙骧虎步，高下在心。

【注释】

选自《三国志·魏书二十一·王粲传》。骧：马奔跑。

【译文】

如龙腾虎跃般威风，因时制宜。

【赏析】

何进进谏铲除宦官，太后不听，于是他想召集驻各州的猛将，让他们胁迫太后同意。陈琳劝谏何进说：“小事尚不能用欺骗来达到目的，何况国家大事？现在将军总理朝政，掌握军权，‘龙骧虎步，高下在心’，应立作决断，虽然违背常规但合乎道义。而你丢掉自己手中的锋利武器，反而向他人寻求帮助，授人以把柄，事情不会成功，还会成为祸乱的阶梯。”陈琳虽然说得很有道理，但何进并没有听从，以致造成了一场祸乱。

万目不张举其纲，众毛不整振其领。

【注释】

选自《三国志·魏书二十四·崔林传》。目：网上的眼，比喻事物的从属部分。纲：鱼网上的总绳，比喻事物的主要部分。振：挥动，抖动。

【译文】

鱼网张不开就提起总绳，裘毛不整齐就抖抖衣领。

【赏析】

魏明帝让百官讨论散骑常侍刘劭的《考课论》时，崔林认为，考核官吏的法令已十分详备，考课令之所以逐渐废弛，是因为在实施过程中内外有别，增减无常，难以统一，况且“万目不张举其纲，众毛不整振其领”。所以要想使制订的法令达到预期的目的，关键还在于官吏的行为。“只要朝廷大臣都能担负仲山甫那样的重任，即使只有一百条法令，又有谁不恭敬从命呢？”言外之意是说只要能抓住事物矛盾中的重点，一切疑难的问题都可以迎刃而解。

治定之化，以礼为首；拨乱之政，以刑为先。

【注释】

选自《三国志·魏书二十四·高柔传》。

【译文】

在安定社会里推行教化，要把礼义放在首位；在乱世里执政，要把刑法放在第一位。

【赏析】

魏晋时期，社会长期分裂，频繁的战争打击了士族门阀大地主的势力，代表他们利益的谶纬经学等神学说教也受到严重冲击，连统治阶级也意识到这种学说的弊病与无能。当时具有远见的一些士大夫开始重新探讨治国之道，他们综合儒、法、道各家主张，形成"礼法结合""以刑为先"的法学原则，以期结束动乱，重建统一的封建法律秩序，从而使这一时期的法学原则带有鲜明的时代特色。曹操是这一学说的身体力行者，也是主要代表者之一。曹操在统一北方的过程中积累了丰富的经验，他在坚持"德主刑辅"正统法律思想的同时，抛弃了两汉经学的神秘说教，并明确指出"治定之化，以礼为首；拨乱之政，以刑为先。"太平盛世，应以德教为主，礼义为首；若治乱世，则应"以刑为先"，不能照搬两汉做法。这与韩非子“世异则事异，事异则备变”是一脉相承的。

救寒莫如重裘，止谤莫如自修。

【注释】

选自《三国志·魏书二十七·徐胡二王传》。重：高贵，贵重。裘：皮衣。止：阻止。谤：毁谤，恶意地攻击别人。修：学习。

【译文】

挽救受寒的人没有比得上贵重的皮衣了，阻止诽谤之言不如自我完善。

【赏析】

人生世间，飞短流长，众口铄金，积毁销骨，每个人都有可能面对毁谤，千万不要把希望寄托到他人或救世主身上，这些都是没用的，关键是要不断完善自己，“身正不怕影斜”，不给别人可指责之处。所以，完善自己，做到尽善尽美是阻止毁谤最有力的武器。

明者见危于无形，智者见祸于未萌。

【注释】

选自《三国志·魏书二十八·钟会传》。明：明智，贤明。形：形成。智：聪明，智慧。祸：灾祸，灾难。萌：发生，开始。

【译文】

明智的人在危险还未形成时就能预见到，智慧的人在灾难还未发生时就有所觉察。

【赏析】

防患于未然是说人要有先见之明，能够及早发现危险与祸端，这样国家才能够长治久安。这是钟会在收蜀时说的话，其用意是：文钦、唐咨是魏国的叛臣，应在其行为败露之前就予以扼杀，否则将会损害国家的利益。

患人知进而不知退，知欲而不知足，故有困辱之累，悔吝之咎。

【注释】

选自《三国志·魏书二十七·王昶传》。患：担忧。累：过错，过失。吝：悔恨。咎：罪过，过失。

【译文】

担心的是人们知道前进却不知道后退，知道索取却不知道满足，所以才有了受到困窘侮辱的过错，有了感到悔恨的过失。

【赏析】

王昶给侄儿和儿子起名字，全都选用谦虚诚实的字意，用来表现自己的志趣。他认为富贵和名声是人的性情中所喜爱的，而君子虽喜爱但却能不沉溺其中，是因为他们厌恶这些富贵名声不是从正道得来的。“患人知进不知退，知欲而不知足，故有困辱之累，悔吝之咎。”知足才能让人得到常乐。回首过去世事的成败，察看将来形势的凶吉，那些争名夺利，欲望无穷，索取不上的人从来得不到善终；只有那些淡泊无为、知足常乐的人能够世代享受福禄。他想让后代们立身行事时遵守儒学的教诲，履行道家的言论。所以他哥哥的儿子名默，字处静；又名沈，字处道。他的儿子一名浑，字玄冲；一名深，字道冲。用玄默冲虚这样的词语让后代顾名思义，不要违背和超越名字的意义。

文为士范，行为士则。

【注释】

选自《三国志·魏书二十八·邓艾传》。

【译文】

文章是君子的典范，行为是君子的准则。

【赏析】

这句话本是颍川太丘长陈寔的碑文，也是封建士大夫们追求的最高境界。邓艾，义阳棘阳人，少孤，十二岁随母亲到颍川，读到这个碑文后，就改名为范，字士载。小小年纪就有了伟大的志向，也希望自己能够成为一代典范。

孤之有孔明，犹鱼之得水也。

【注释】

选自《三国志·蜀书五·诸葛亮传》。孤：古代王侯的自称。犹：如同，好像。

【译文】

我有孔明，如同鱼儿得到了水一样。

【赏析】

刘备三顾茅庐，终于感动了诸葛亮出山效命。刘备过度的礼贤下士引起了关羽、张飞等人的不悦。刘备说："孤之有孔明，犹鱼之得水也。"正由于诸葛亮的辅佐，才成就了刘备的大业。说明在人的一生中，拥有一个与自己默契的志同道合的知己是多么难得，正因为难得才应该好好珍惜，相互扶助，共谋大业。

尽忠益时者虽仇必赏，犯法怠慢者虽亲必罚。

【注释】

选自《三国志·蜀书四·诸葛亮传》。

【译文】

对于竭尽忠心、有益于当世的人，即使是仇人也一定奖赏；对于违反法令、傲慢无礼的人，即使是亲人也一定惩罚。

【赏析】

诸葛亮身为蜀国丞相，他秉公执法，赏罚分明，取得了明显成效。在实践中，诸葛亮坚持“威之以法”与“严明公正”的原则，他要求上至君主、下至百姓要严格遵守法则，不得以个人私情干扰执法，并且主张刑赏不分亲疏贵贱，一律平等。当街亭失守后，他含泪斩马谡，依功赏王平，真正做到了“尽忠益时者虽仇必赏，犯法怠慢者虽亲必罚。”诸葛亮针对三国动乱形势，适时采取的法学原则，符合当时社会发展的要求，故在治理西南地区时，发挥了法律的保障作用，同时也强化了对当地人民的防范控制，反映出封建法学原则的社会性与阶级性的统一。

海以合流为大，君子以博识为弘。

【注释】

选自《三国志·蜀书八·秦宓传》

【译文】

海洋依靠汇合河流而辽阔，君子依靠广博的知识而弘大。

【赏析】

这是李权回答秦宓的话。李权向秦宓借《战国策》时，秦宓问他：“《战国策》讲纵横之术，你用它干什么？”李权说：“孔子、严平汇合各种书籍，写成了《春秋》《指归》这样的书。所以‘海以合流为大，君子以博识为弘。’”这就是说河海不择细流故能成其大，一个人如果也能注重积累的话，终究能成为一个博学之士。

爵高者忧深，禄厚者责重。

【注释】

选自《三国志·蜀书八·许靖传》。爵：爵位。禄：俸禄。厚：重，大，多。

【译文】

爵位高的人其忧患也深，俸禄重的人其责任也重。

【赏析】

这是许靖上书曹操的话。他说：“你位极人臣，权力很大，责任也最重，你的一言一行都对国家的稳定产生着重要影响，所以为了国家、百姓，你要自重、自爱。”说明了曹操在当时的历史条件下所起的举足轻重的作用。从另一方面也说明爵高、禄厚者也承担着对国家、对百姓的重大责任。

集众思，广忠益。

【注释】

选自《三国志 · 蜀书九 · 董和传》。

【译文】

集中众人的智慧，广泛吸收有益的意见。

【赏析】

刘备初占益州的时候，曾派董和协助诸葛亮处理军政大事。董和是一个性格直爽，办事认真，又有政治见解的人。当他与诸葛亮有不同见解时，就提出来争辩，有时甚至先后十次提出。诸葛亮十分喜欢董和的敢于强谏的精神。他当了丞相之后，提起了这件事，还很赞赏。为了鼓励属下向董和学习，他对丞相府的官员们说："丞相府里设置参谋僚佐的目的，就是为了集众思，广忠益，把事情办好。……要做到这样是不容易的，只有徐庶遇到这种情况不迷惑，还有董和。如果大家能像他们那样，不仅可以使我少犯错误，也对国家大有好处。""集思广益"这个成语就是来源于此。

人心不同，各如其面。

【注释】

选自《三国志·蜀书十四·蒋琬传》。

【译文】

人的想法不相同，好比各自的面孔一样。

【赏析】

这是蒋琬面对有人想陷害杨戏时说的一句话。由于杨戏平时性情孤傲，蒋琬和他交谈的时候，他时常不说话，有的人因此便说杨戏轻慢上司。蒋琬说："人心不同，各如其面。当面顺从而背后说坏话，这是古人引以为诫的行为。杨戏要是称赞我说的对，那么就不是出于他的本意，要是反对我说的话，就会张扬我的过错，所以他才沉默不语，这才是杨戏高兴做的事。"蒋琬心中待人没有厚薄之分，他的好恶及对道义的关注，如此事一样。

书籍之事，患人不好，好之无伤也。

【注释】

选自《三国志·吴书三·三嗣主传》。

【译文】

对于读书这件事，担心的是人们不喜欢它，喜欢它是没有什么伤害的。

【赏析】

这是孙休面对张布极力阻挠博士韦曜、盛冲入宫所说的话。孙休决心在典籍上狠下功夫，把诸子百家的文章全部读完，想召博士韦曜、盛冲入宫，与他们研讨道德六艺。而张布则担心他们入宫后会揭露自己不为人所知的过失，就百般阻挠。基于此，孙休就说了上面的话。书永远是人类最可宝贵的精神财富，人们应该多读书，读好书，积累知识，用知识武装自己的头脑，这样才能成为社会的有用之才。

一夫不耕，有受其饥；一妇不织，有受其寒。

【注释】

选自《三国志·吴书三·三嗣主传》。

【译文】

一个男人不耕地，有人就要因此挨饿；一个妇女不织布，有人就要因此受冻。

【赏析】

永安元年，东吴州郡的官民及士兵许多人都背弃农桑事业，注重在江上船只间做买卖，遂使良田逐渐荒芜，库存粮食一天天减少。大臣认为是由于租税过重，农民利益太少的缘故，因此打算广泛发展农业，减轻农民赋税。历代君主都明白这个道理，因此他们制订轻徭薄赋、奖励农耕的政策，这些措施的实施，确实发展了经济，稳定了社会，也巩固了他们的统治，可见农耕在经济发展中的作用何等重要，任何时候都不容忽视。

人君不亲小事，百官有司各任其职。

【注释】

选自《三国志·吴书七·步骘传》。亲：亲自。司：主持。

【译文】

君主不亲自处理小事，百官和主管部门各自承担他们的职责。

【赏析】

孙权的太子孙登驻守武昌时，他对老百姓很仁慈，喜欢行善，但对帮助他治理重大事务的才学之士不甚了解。当时的骠骑将军步骘为此把在荆州境内执行任务的诸葛瑾等十一人列出来，分析他们的行为事迹，利用上书的机会勉励孙登说："人君不亲小事，百官有司各任其职"，并向他分析虞舜任用九个贤人，而他自己没有什么耗费心力的地方，只是弹奏五弦琴，吟咏南风诗，不下朝廷就使天下大治。齐桓公任用管仲，他自己披头散发地乘车游玩，不仅使齐国达到大治，又使天下得到匡正。近世汉高祖延揽三个豪杰而使帝业兴隆。由此可见，人才对于国家的兴衰成败来说真的是举足轻重。为政者只要知人善任，其实不必事必躬亲，天下也能大治。

蛟龙得云雨，终非池中物。

【注释】

选自《三国志·吴书九·周瑜传》。

【译文】

蛟龙一旦得到云雨，必定腾飞上天，终究不是池中之物。

【赏析】

这句话是周瑜用来形容刘备的。他认为刘备是一个有才能的人，一旦遇到有利时机，必定能奋发有为，飞黄腾达。他认为应将刘备迁移到吴郡，大兴土木，为他营造宫室，广送美女和珍玩，使其耽于耳目声色之乐。再将关羽、张飞分开安置，大事就可以安定了。现在分割土地来资助他们，这三个人都在边界地区，“蛟龙得云雨，终非池中物。”但孙权并未听从，而以后的史实也确实验证了周瑜的顾虑是正确的。

应龙以屈伸为神，凤凰以嘉鸣为贵，何必隐形于天外，潜鳞于重渊者哉？

【注释】

选自《三国志·吴书十二·吾粲传》。嘉：美好。

【译文】

应龙因为能屈能伸才成为神灵，凤凰因为美好的叫声才成为珍禽，为什么一定要在天外隐藏形体，在深渊中隐藏鳞甲呢？

【赏析】

吾粲以“应龙”和“凤凰”来比喻谢谭，因为谢谭并不领他封自己为功曹之情，吾粲就用上述一番话比喻开导他，说大丈夫不应该把自己的才能隐藏起来。一个人只有充分施展自己的聪明才智，才能对社会有所贡献，才能实现自身价值。如果不能用自己的才能造福于人类和社会，那只是徒有虚名，毫无价值。

志行万里者，不中道而辍足；图四海者，匪怀细而害大。

【注释】

选自《三国志·吴书十三·陆逊传》。

【译文】

有志于行万里路的人，不肯在半路上停足；谋划统一天下大业的人，不能计较小事而妨害大局。

【赏析】

这是陆逊劝阻孙权征讨公孙渊的话。当时公孙渊背弃了他和孙权的盟约，惹恼了孙权，孙权想去讨伐他，于是陆逊就给他分析了平定中原实现统一大业之时一定不要为了一己之私而大动干戈。因为强大的敌人还在境内，边远地区还没有归附，若乘船远征，必然给敌人以可乘之机。应该停止发兵，对付主要的敌人，而不应计较小事妨碍大局。这也告诫人们，要想有所成就，就不能因小的困难和挫折就放弃，而要坚忍不拔，持之以恒，而且要气度恢弘，不能鼠肚鸡肠。

以天地长久，而人居其间，有白驹过隙之喻。

【注释】

选自《三国志·吴书十四·孙和传》。

【译文】

由于天地万古不朽，而人类位于天地之间，因而才有了人生短促如白驹过隙的比喻。

【赏析】

孙和同时代的官吏办公之余，大量的时间都用来下棋，只有他认为这样做妨碍事务，消耗精力，损害思虑，不是用来推进德行、建立功业、积累资历的办法，有志之士应该爱惜时间，珍视精力。他说：“以天地之长久，而人居其间，有白驹过隙之喻。”以此告诫群臣要珍惜并且充分利用有限的时间，多做有意义的事情。

良药苦口，惟疾者能甘之；忠言逆耳，惟达者能受之。

【注释】

选自《三国志·吴书十四·吴主五子传》。

【译文】

良药苦口，只有生病的人才能品出甜味；忠言逆耳，只有通达的人才能接受规劝。

【赏析】

这是孙奋的大臣诸葛恪的笺书内容。他是面对孙奋在武昌多次违诏，不遵法制、擅调士兵维护宫室安宁、拒纳大臣意见的情况上书的。他说：

“良药苦口，惟疾者能甘之；忠言逆耳，惟达者能受之。假如鲁王早早采纳忠直的建议，心里有恐惧的思考，那他就会享有无穷无尽的福运，就不会有灭亡的灾祸。”他希望孙奋能够接受大臣的苦口婆心的规劝，在萌芽中消除危险，打下福运吉祥的基础。

有道之君，以乐乐民；无道之君，以乐乐身。乐民者，其乐弥长；乐身者，不乐而亡。

【注释】

选自《三国志·吴书十六·陆凯传》。

【译文】

有道的君主，是用康乐使百姓欢乐；无道的君主，是用康乐使自己快乐。使百姓欢乐的君主，他自己的欢乐更长久；使自己快乐的君主，得不到欢乐就会灭亡。

【赏析】

这是陆凯劝谏孙皓的话。孙皓迁都武昌后，扬州一带的百姓为供给物品深受其苦，加上朝廷又多次犯错，百姓的处境非常艰难。于是陆凯就上书说了上述一番话来劝谏孙皓。百姓是国家的根本，作为一国之君，应当重视他们的饮食，爱惜他们的生命；百姓安定，那么君主就安定，百姓欢乐，那么君主就欢乐。只要与民同乐，就会得到百姓的拥护，江山自然也就安稳；只沉溺于个人享乐的君主，必将失去民心，江山也就自然不保。

《晋书》名句

荆山之璞，不琢不成其宝。

【注释】

选自《晋书·景帝纪》。璞：含玉的石头，未经雕琢的玉。

【译文】

荆山所产的璞玉，不经过雕琢便不能成为宝器。

【赏析】

“玉不琢不成器”说的也是这个道理。意思是说即使是玉，经过雕琢才能成为宝器；即使是颜回、冉耕等孔子的高足，如果不学习也无法成就以后的功业。这就告诉了我们学习的重要性，知识的获得不仅要靠敏锐的脑袋，更要靠不懈怠的勤奋和百折不回的努力。

人有不及，可以情恕；非意相干，可以理遣。

【注释】

选自《晋书·卫瓘传》。

【译文】

别人如果不尽自己心意，可以据情宽容；如果不是有意相害，就可以用道理说服。

【赏析】

卫瓘的玄谈说理透彻精微，但因身体柔弱，他母亲禁止他谈话，每逢节日，才有机会讲一两句，大家都很钦佩他。琅邪人王澄名气很大，很少推崇佩服别人。但是每当听到卫瓘的谈论，总不免赞叹不已，为之倾倒。当时人都说："卫瓘谈道，平子绝倒。" 王澄、王玄和王济都很有名气，可是三人都在卫瓘之下。当时的大将军王敦喜欢与他整天谈论，但他豪爽不羁，喜欢凌众傲物，而卫瓘则认为"人有不及，可以情恕；非意相干，可以理遣。"他说的这些话其实是一种处世态度，以严己宽物的态度对待他人是非常明智的。

静听不闻雷霆之声，熟视不睹泰山之形。

【注释】

选自《晋书·刘伶传》。熟视：长时间看，看惯。睹：看见。

【译文】

对于雷霆万钧之声可以充耳不闻，面对高大巍峨的泰山可以熟视无睹。

【赏析】

刘伶与阮籍、嵇康同为“竹林七贤”，他妄行放肆，为人沉默，常有与自然万物混而为一、同生同灭的思想。他并不留意于家产的有无，经常坐着小车，带一壶酒，让别人扛着铁锹跟随其后，对人说：“我要是死了，就地埋我。”刘伶虽然沉湎于醉态之中，只写过一篇《酒德颂》，大谈酒的好处，希望打破世上的常规，其中一句就是“静听不闻雷霆之声，熟视不睹泰山之形。”因他大肆宣扬无为而治的思想，当时的一班人都升了大官，而他只作过建威参军，由于没有被重用，只能寄情于酒，表现他对现实不满的情绪。魏晋时期，文人在政治斗争的夹缝中求生存，对现实极为不满，但又无可奈何，只好采取一种冷漠观望的态度，这是在当时的历史条件下不得已的行为。

【岁华纪胜图】册 局部［明］吴彬 中国台北故宫博物院藏 56－3

【岁华纪胜图】册 局部 [明] 吴彬 中国台北故宫博物院藏 56-3

寒暑渐于春秋，隆替起于得失。

【注释】

选自《晋书·郤诜传》。渐：逐渐发展、演变的结果。隆替：兴废，兴衰。起：开始。

【译文】

严寒酷暑是春秋逐渐发展、演变的结果，国家的兴衰是由很小的得失引起的。

【赏析】

任何事物的发展变化都离不开规律二字，自然界有自然界的规律，人类社会有人类社会的客观规律，一个国家也有自己的规律。国家要保持长久强盛，就要居安思危，不能因小失大。要不停地在错误和失败中总结教训，消除已经发生的或潜伏的小小失误，防微杜渐。

人道之始，莫先于孝悌。

【注释】

选自《晋书·潘尼传》。人道：道义。孝悌：孝顺父母，敬爱兄长。

【译文】

人在道义上首先应该遵守的是孝顺父母，敬爱兄长。

【赏析】

百行孝为先。自古以来，中国一直是一个讲孝的国度。的确，在中国的传统道德中，对能不能讲孝悌看得非常重，在修身、齐家、治国、平天下中占有相当的分量。尽管它是适应封建传统社会的文化，是封建专制主义维护封建家法家族制度的重要纲常名教，但在社会文明高度发展的今天，孝敬父母、尊敬兄长也同样具有现实意义，值得提倡。

思危以求安，虑退以能进。

【注释】

选自《晋书·潘尼传》。

【译文】

时刻想着危险来求得安宁，考虑退让以求得进步。

【赏析】

居安思危是为了能够将祸患的萌芽消灭在摇篮中，或是防微杜渐、防患于未然，以求得日后安宁和平。退让则包含深奥的意味，即就是老子所说“不敢为天下先”。无论何事，达到顶峰的时候很快就会向下坡走，还不如先退让几步，留几分发展的余地，以便以此为基础求得最后的进步。

安身存正，在于无私寡欲。

【注释】

选自《晋书·潘尼传》。安身：保全自身。正：正派，正直。

【译文】

要想保全自身的正直，关键在于无私寡欲。

【赏析】

正常的人都有欲望，但有修养的人知道节欲。如果一味追求不懂节制就会像宋人程颐所说的那样："一念之欲不能制，而祸流于滔天。"就会纸醉金迷，奢侈挥霍，最后的结果必然是精神的颓废，人格的低贱。所以，要有意识地将其置于社会的风俗、道德、法律、习惯、规范、纪律的"管制"之下，这样自我约束，就会"安身存正"了。

道边树而多子，必苦李也。

【注释】

选自《晋书·王戎传》。子：指植物的籽实。

【译文】

路边的树上长有许多果实，必定是苦的李子。

【赏析】

王戎小时候非常聪颖，见识过人。曾经同一群孩子在路边玩耍，看到李树上结有许多果实，孩子们竞相去摘，只有王戎不去。有人问其缘由，他说："树在道边而多子，必苦李也。"取下一尝果然如此。这不只是说王戎年幼聪明，重要的在于他不被事物的假象所迷惑，遇事善于分析，最后做出正确的判断。

吾枕戈待旦，志枭逆虏，常恐祖生先吾著鞭。

【注释】

选自《晋书·刘琨传》。戈：古代的一种兵器。旦：天亮。枭：悬头示众。逆虏：敌人。

【译文】

我枕着兵器躺着等待天亮，立志消灭敌人，常常担心祖逖比我先起来练兵。

【赏析】

刘琨少年时就立下大志收复北方失地，曾与祖逖同室而居，纵论天下，一起舞剑。后来听说祖逖被任用，就对亲戚朋友写信说了上述话。这句话表达了他急于杀敌报国建功立业的急迫心情，表现了对祖国的忠诚和热爱，反映出他所具有的时刻准备着，为国家、民族的利益赴汤蹈火的豪迈情怀，这种强烈的爱国热情是我们应该学习和推崇的。

飞龙御天，故资云雨之势；帝王兴运，必俟股肱之力。

【注释】

选自《晋书·王导传》。股肱：指得力的助手。

【译文】

飞龙遨游天空是借助云雨的气势；帝王要振兴国运，必须要依靠得力的助手。

【赏析】

这是王导劝谏晋元帝重用贤才取得天下的话。当时吴地人不归附，一个多月过去了，士民没有一个人前来，王导为此很担忧。一次，晋元帝亲自到水边观看禊祭，坐着小轿，仪仗齐备。吴人顾荣、贺循是江南的知名人物，暗中看到这些都很惊慌，于是大家一起在路旁跪拜。王导于是进谏说："古代帝王，都礼贤下士，招徕贤能，何况现在天下大乱，国家分裂，政权刚刚建立，正是用人之际。顾荣、贺循是本地有名望的人，不如招来以收买人心。这两人要是来了，其他人就会接踵而至。"他又借飞龙作比喻，向元帝阐述要使国家兴旺，必须要借助众多良臣贤士辅佐的道理。于是元帝就命令王导亲自去拜访顾荣、贺循，二人都应命而来，于是吴地人归附，百姓拥护。从此以后，晋元帝就用此办法逐渐扩大了国土封地，确定了西晋王朝的稳定。

乱世贵而能贫，乃可以免。

【注释】

选自《晋书·氾滕传》。

【译文】

人生于动乱之世，能抛弃富贵而甘于贫贱，才可以免去祸患。

【赏析】

氾滕，字无忌，曾身为高官，但当时天下兵荒马乱，于是他就辞官回家。当时有个太守叫张闳登门去拜访他，他却闭门不见，留下的礼品一样也不接受。张闳感叹说："生于乱世，贵而能贫，乃可以免。"氾滕又将丰厚的家财施予宗族，仅以琴书自得其乐。这其实是在乱世之中个人求得自我保护的一种处世心态，但他并没有真正认识到祸患产生的根本原因，并不在于自身的富贵，即使甘于贫贱，在封建统治阶级的残暴统治下，祸患同样是不可避免的。

太刚则折，至察无徒。

【注释】

选自《晋书·周颢传》。察：看得清。徒：党徒，同一类或同一派别的人。

【译文】

过于刚直则会折断，极其明察就没有门徒。

【赏析】

周颢认为至刚至察一如“水清无鱼，至察无徒”。如果用它来治理国家，会给国家带来祸患，用它来行事，就会伤害自己的家人。因为政治太苛刻就会使统治者与百姓之间不和睦，百姓就会怨声载道，政府就会失去百姓的拥戴。我们后人治世处世一定要借鉴。

吾不能为五斗米折腰，拳拳事乡里小人邪。

【注释】

选自《晋书·陶潜传》。折腰：弯腰行礼，屈身事人。拳拳：忠谨恳切的样子。事：服事，侍奉。

【译文】

我不能为取得五斗米的俸禄向权贵者低三下四，小心谨慎地为乡下的小人做事。

【赏析】

陶渊明誓不为五斗米折腰，愤然弃官赴田，过起了隐居生活，他的不为物质利益向权贵屈服的节操也是一种骨气。有了这种气节，就会作风正派，坚持正义，不附权贵，不苟安，不逢迎，不趋炎附势。所以就有宁可饿死而不吃“嗟来之食”的齐贫士。而且，有了这种气节，人就会产生无穷的力量，在民族危难之际挺身而出，义无反顾地抛弃个人利益，将自己的生命贡献给祖国和人民。

义感君子，利动小人。

【注释】

选自《晋书·苻登传》。义：合乎正义的行为和事情。感：感动。君子：有道德的人。利：利益。小人：人格卑鄙或见识短浅的人。

【译文】

道义可以感动君子，利益可以打动小人。

【赏析】

这个观点与孔子的“君子喻于义，小人喻于利”的观点异曲同工，都明确地提出了义利问题。义是一种“精神现象”，而利则是一种“物质现象”，义和利总是捆绑在一起的。义让人正义明道，让人义在利民；利让人贪心不足，贪赃枉法，使人失去理性。儒家认为，利要服从义，要重义轻利，这个义是指服从封建等级秩序的道德，如果一味追求个人利益，就会犯上作乱，破坏等级秩序。所以把追求个人利益的人视为小人。但是经过后代儒家的发展，这种思想早已变味，“义”和“利”二者已没有任何联系，成了尖锐对立、非此即彼的一对矛盾。

《宋书》名句

法网之用，期世而行；宽惠之道，因时而布。

【注释】

选自《宋书·明帝纪》。法网：严密的法律制度。

【译文】

使用严密的法律制度，根据具体情况来执行；宽大恩惠的政策，也是根据具体的情况来实施的。

【赏析】

世上万事万物都处于不断发展变化中，因而法律制度也应适时做出调整。在安定和平时期，以仁治国，宽厚待民尤为重要，只有这样，才能给百姓创造一个宽松和谐的社会环境，使人民能休养生息，安居乐业，从而推动经济的发展和社会的进步。在动乱的时期，严格执法则有着其他手段所无法替代的作用，执法必严，违法必究，不严就无法惩戒不法者，这也是历代法令制度的重要特征。

为国之道，食不如信。立人之要，先质后文。

【注释】

选自《宋书·江夷传》。为：治，治理。质：真实，诚信。文：文采，文饰。

【译文】

治理国家的道理是：给民以食物不如给民以信义。做人首先要讲诚信，而后才可饰之以文。

【赏析】

在中国历史发展的过程中，一向都是以儒家提倡的“信”作为人们的修身之道。同样治理一个拥有千百万人的国家，就要认真对待政事，讲究信用，取信于民，只有这样才能处理好君主与百姓的关系。孔子所谓“敬事而信”“谨而信”“言而有信”“主忠信”“信近于义”，所谓“人而无信，不知其可也”，都是讲的言行和修养的诚信问题。诚信是做人做事的根本。如果一个人不讲道义、不讲信用、品行恶劣，就算他才华横溢也很难在社会上立足，因为与人相处久了，大家的眼睛都是雪亮的。

选贤于野，则治身业弘；求士于朝，则饰智风起。

【注释】

选自《宋书·傅隆传》。贤：有德行、有才能之人。野：民间。治：治理，管理。弘：大，广大。

【译文】

在民间选择有德行有才能的人，国君就能修身立业；在朝廷选择士人，巧饰才智的风气就会兴起。

【赏析】

只有任人唯贤，而不被等级观念所困，多在民间选拔大量优秀人才，才能使国家长治久安。三国时，刘备三顾茅庐请出诸葛亮辅佐成就了大业，就说明了这个道理。

酒虽会性，亦所以伤生。

【注释】

选自《宋书·范泰传》。会性：助兴。

【译文】

酒虽然能助兴，但也会伤害身体。

【赏析】

任何事物都具两面性，有好的一面，也有坏的一面。酒也是这样一种东西，在宴会中它确实有助于增加人们的兴致，活跃气氛，增加人们的友谊，而少饮也有助于身体的健康，然而过度饮酒则会伤害身体，使人神志不清，影响正常生活。古人就把“酒”与“色、财、气”并称为“四大祸害”，可见其负面影响也不可低估。所谓“酒能乱性”“酒后无德”“酒后失言”等词语的出现，也都体现了酒的坏的一面。

器要有用，则贵贱同资；物有适宜，则家国共急。

【注释】

选自《宋书·范泰传》。资：本钱。适宜：合适，相宜。

【译文】

器物只要有用处，那么无论是贵重的还是低贱的，都会有同样的价格。任何事物只要适合，那么家和国都会把它当作急需的东西。

【赏析】

事物虽有高低贵贱之别，但是不同的人将会有不同的需要，只要是自己最需要的，那它就是最珍贵的。若体现在用人身上，那就是无论你的地位、出身如何，只要有真才实学，有品质有能力，同样是国家的栋梁，是精金美玉。

坚壁清野，以俟其来；整甲缮兵，以乘其敝。

【注释】

选自《宋书·何承天传》。

【译文】

坚固城池，清除四野，来等待敌人的到来；整治铠甲，修缮兵器，以乘机去攻击敌人的缺陷。

【赏析】

这是何承天《安边论》里的内容。当时北魏军队南侵，他的抵御方略共有四项内容：其一，移远处居民到近处，充实内地；其二，修筑城池，增强抵抗能力；其三，集聚车牛，运载兵器；其四，按男丁收取兵仗，不使缺乏。这种策略符合兵家的有备而战的思想，以有备之师攻敌之不足，自然会取得胜利。

喜过则不重，怒过则不威，能以恬莫为体，宽愉为器，则为美矣。

【注释】

选自《宋书·颜延之传》。重：庄重。恬：淡泊，淡漠。体：主体，本体。宽：宽容。愉：快乐，喜悦。器：度量，胸怀。

【译文】

如果高兴过分就显得不庄重，怒火太盛就失去威严。如果能以淡泊为主体，有着宽容喜悦的胸怀，那才是最好的境界。

【赏析】

为人处世能够做到喜怒不形于色是一种境界。如果为一些小事而大动干戈是很不明智的，有原则地忍让并不代表是懦弱，其实息事宁人，以退为攻也是一种解决问题的方式。这也是儒家所提倡的中庸之道。孔子认为这是一种最高的道德标准和道德境界。它主张一个人对自己的情感要保持平和，对自己的欲望不要过于放纵，对自己的行为与复杂的社会关系、人际关系采取适中的态度，从这个意义上讲，中庸有它的积极意义，它在稳定的社会发展中，有利于社会的和谐统一。各人都有适当的位置，各人都能发挥适当的作用，天地万物就可以各得其所。

《南齐书》名句

英睿当乱而不移，忠贤临危而尽节。

【注释】

选自《南齐书·齐高帝萧道成本纪》。睿：看得深远。移：动摇。

【译文】

英勇睿智的人在混乱面前毫不动摇，忠臣贤士面临危险能够保持节操。

【赏析】

自景和以来，王纲弛率，叛军并起，像萧道成那样英睿的人已不可多见，这句话就是宋帝于479年任命萧道成为相国时对他的高度赞扬。认为他在乱世仍不动摇自己的信念，临危尽节，刚强义烈，保国济民。其实在我们中华民族几千年的发展历史上，虽然经历了无数次的动荡和危难，但我们这个伟大的民族，总能从无数次的劫难中一次又一次地昂起头来，求得自己的生存和发展，靠的就是这些英睿、忠贤之辈，他们总会在民族危难之际挺身而出，他们身上都保持了一种可贵的民族节操——一种伟大的独立人格和凛然正气。

民伤则离散，农伤则国贫。

【注释】

选自《南齐书·刘悛传》。伤：伤害。

【译文】

百姓受到伤害，国家就会分崩离析，农民受到伤害，国家就会贫穷困乏。

【赏析】

当太祖打算铸造钱币时，李悝及时做了劝阻。他说："粮甚贵伤民，甚贱伤农，其结果会造成民伤则离散，农伤则国贫。太贱或太贵，民与农其中之一必然要受到伤害"。这种思想反映了一种以民为本，以农业为主的思想。其用意是建议统治者要重视百姓的利益，在制定任何政策时，都不要伤害百姓，同时还要重视农业生产。因为国以民为本，民以食为天，如果二者有一个受到伤害，后果不堪设想。

尺蠖之屈，以求伸也。

【注释】

选自《南齐书·孔稚珪传》。尺蠖：尺蠖行动时身体向上弯成弧状，像用大拇指和中指量距离一样，所以叫尺蠖。屈：弯曲。伸：展开。

【译文】

尺蠖屈身爬行，来求得伸展身体。

【赏析】

大丈夫能屈而伸，就像孔稚珪所说的一样，屈是为了求伸。这是为人处世的一个重要方法。将屈作为一种谋略，是达到某一志向的一种手段，绝不是为屈而屈，积极的屈不意味着人格的渺小，自我的萎缩，它只是将独立的我暂时“隐藏”，作为保存自己力量的重要手段，一旦时机成熟，就发挥其积蓄的力量，达到既定的目的。

《梁书》名句

以言取士，士饰其言；以行取人，人竭其行。

【注释】

选自《梁书·武帝萧衍本纪上》。取：择取。饰：掩饰，粉饰。竭：尽。

【译文】

如果根据言词来选取士人，他们必然会粉饰其言辞；如果根据行动选择人才，就会有人尽力而行。

【赏析】

选拔人才的标准应该是什么？凭言词还是凭行动？还是二者兼有之？如果仅凭言辞选择人才，那么就会有伪善的势利小人口蜜腹剑，好话说尽，对人尽是溢美和逢迎的话，正如古人所说："巧言如簧，颜之厚矣"。如果这样的人当权只会危害国家危害社会。因此选才不仅要观其言，更要看其行，不仅要看一时的行，还要看其一贯的行，不能更仅凭一时的心血来潮、一时的印象就委以重任，关键是要看其政绩和民意。

屋漏在上，知之在下。

【注释】

选自《梁书 · 武帝萧衍本纪下》。

【译文】

房屋从上面漏，人在下面才能知道。

【赏析】

所谓“当事者迷，旁观者清”说的就是这样的道理：君王所犯的错误就像房屋本身一样并不知晓，只有那些大臣和百姓能够察觉。因为君王考虑得太多，看问题反而糊涂，而旁观的大臣由于冷静、客观，就能把问题看得清楚。这就要求文武百官敢于直言相劝，大胆地指出君主的失误，弥补他们的不足，从而有益于国家的健康发展。

圆行方止，器之异也；金刚水柔，性之别也。善御性者，不违金水之质；善为器者，不易方圆之用。

【注释】

选自《梁书 · 张充传》。异：不相同。性：性能。质：本质。为：做。易：改变。

【译文】

圆的器物容易滚动，而方的器物则容易停止，这只是器物的不同罢了；金属坚硬而水则柔弱，这是由于它们的性能不同。因此那些善于御物的人，能够不违背金水的质地加以利用；而善于制造器皿的人，能不改变方与圆的用途。

【赏析】

不同的事物有不同的内在特性，只有善于分别它们的内在特性才能更好地为人类社会服务。因此我们利用事物时，应该依据其本身的特性，量才使用，各得其所，这样才能发挥出它的优势和特长，实现其最大的价值。

士无贤不肖，在朝见嫉；女无美恶，入宫见妒。

【注释】

选自《梁书·王僧孺传》。

【译文】

士无论是贤还是无能，只要入朝为官就会被人嫉妒；女子无论美丑，只要入宫就会被人妒忌。

【赏析】

每一个人，都或多或少有私心，只是君子能够克制自己的妒心。相反，普通人面对与自己利益有关的事情时就会嫉妒别人，唯恐自己受到伤害，有的人为了一己之利甚至会不择手段。其实只要平时注意修身养性，形成一个宽广的胸怀和私心较少的自我，这样于人、于己、于国都是有好处的。

人之寓于宇宙也，何异夫栖蜗之争战，附蚋之游禽。

【注释】

选自《梁书·张缅传》。寓：寄托。

【译文】

人生于天地之间，相对于浩翰无垠的宇宙，可谓沧海一粟，与那些栖蜗、附蚋有什么区别呢？

【赏析】

茫茫宇宙中，人与栖蜗、附蚋一样都是沧海一粟，极为渺小，如果说人与它们有不同之处的话，那就是人有自己的人生追求，在追求中可以实现自我价值。人的生命虽然是有限的，但我们应该把握这有限的时光有所作为，这就是我们社会所认同的最高价值，能这样做的人才是伟大的人。

形存则神存，形谢则神灭。

【注释】

选自《梁书·范缜传》。

【译文】

形体存在，灵魂就存在；形体死亡，那么精神也随之灭亡。

【赏析】

这是范缜《神灭论》里的一句话，反映了他的无神论思想。在神学思潮泛滥的社会，这种思想是具有先进性的。他在《神灭论》中对待形神关系问题上，无情地驳斥了有神论者精神支配物质、灵魂不灭的谬论，正确地阐明了精神从属于物质的唯物主义观点。他认为形（人体、物质）与神（灵魂、精神）是相互依存的，犹如刀与刃的关系，没有刃，就谈不上刀的锋利。进而指出，人也同样是“形存则神存，形谢则神灭。”反映了他对形神关系的正确认识。坚持精神离不开形体，有形体才有精神，他的这种观点其实就是朴素的唯物主义观点。范缜在汉代王充、东晋何承天等人的唯物论思想基础上建立起“形神相即”和“形质神用”的形神一元论理论体系，有力地批驳了形灭神不灭的荒谬论点，并对事物发展规律做了新的探索和解释，在我国古代哲学发展史上树起了一块重要的里程碑。

振叶以寻根，观澜而索源。

【注释】

选自《梁书·刘勰传》。振：摇动。寻根：追究根底。澜：波浪。索：寻找。

【译文】

摇动树叶以寻求根底，观察波浪以寻找源头。

【赏析】

这是刘勰在《文心雕龙》序言中针对当时文章的各种弊端而开的一剂良药："振叶以寻根，观澜而索源"。从中我们也可悟出这样的道理，人对事物的认识要由表及里，由现象到本质。由于一切事物都是现象和本质的对立统一，要求人们既不能脱离现象凭空地去认识事物的本质，也不能使认识停留在表面现象上，而是要透过现象掌握本质，通过观察和了解大量生动具体的现象，并以此为资料，去探索事物的本真。

《陈书》名句

举善从谏，在上之明规；进贤竭言，为臣之令范。

【注释】

选自《陈书·宣帝纪》。举：推荐。

【译文】

任用善士，接受进谏，这是为君的规范；举荐贤人，忠心进言，这是为臣的本职。

【赏析】

自古以来，只要能重用一些有才华的大臣，让他们各司其职，就算君主不必整日劳顿，天下也会大治。所有明君往往会网罗一些善士贤人，以保诸事妥善顺畅。一旦他们陷入僵局困境时，自有才智之士忠心进言，助其化险为夷，又代其劳顿，排除障碍。善于用人的君主可谓明智，他可以使那些拥有非凡才智的人为我所用，臣服于我。因为生之短而知无涯，博采众之所长，集思广益，站在巨人的肩膀上，自会成就一番功业。

难使俭而合礼，勿得奢而乖度。

【注释】

选自《陈书 · 宣帝纪》。

【译文】

宁可节俭也要合乎礼义，不要因为奢侈而违反法度。

【赏析】

这句话是孝宣帝给其儿子的遗诏，他要求他儿子为他修墓治丧要节俭，不能由于奢侈而违反法度，大操大办则违反了先王的规定。陈时的薄葬有其历史原因：其一因为前代厚葬之墓被盗毁坏对其有深刻的警诫作用；其二因为门阀世族和新军阀势力强大，成为制约皇权的力量，皇权的衰落直接关系到集权的程度，帝王的财力受到限制，因而影响到帝陵的耗费；其三因为受到封建儒家礼教的冲击，虽然对现实生活有强烈的欲求和留恋，但对后世则看得较为平淡，这样的人生观导致了一些人薄葬。尽管古代帝王的薄葬有其历史、政治、经济和思想等主观的原因，但他们所提倡的这种节俭精神是我们应该学习的。

《魏书》名句

量己者，令终而义全；昧利者，身陷而名灭。

【注释】

选自《魏书·太祖纪》。量：估量，衡量。令：美好。全：保全。昧：贪图。

【译文】

能够正确估量自己的人，他的美好名声就能坚持到底，他的道义就能得到保全；而贪图名位和利益的人，名声就会遭到毁灭。

【赏析】

这是道武帝下达的诏书。因为北魏天兴三年，天文星象发生混乱，多数书上均说应该改王易政，这并非道武帝所愿。于是他变改王易政为改革大臣的官名，以防止祸患的发生，消除天文星象混乱的现象。但是这样做，他又担心大臣们心中疑虑，私下诽谤，因此下达诏书，目的是说明官名仅仅是形式，而德操对国家的治理才真正具有重大作用。他提醒大臣，“量己者，令终而义全；昧利者，身陷而名灭”。告诫他们，利益与名号是毁誉弊端出现的原因，而道义和德操则是神鉴明识的宝贵财富。因此，孰重孰轻，一眼便明，如果能够明白道义与名号爵位的关系，而又端直方正的人，就是圣人了。

虚己以求过，明恕以思咎。

【注释】

选自《魏书·高祖纪上》。虚己：虚心。求：寻找，寻求。明：明智。恕：原谅，宽恕。思：思考。咎：过失。

【译文】

虚心寻找自己的过失，明智地用宽恕之心思考别人的失误。

【赏析】

虚己求过，恕人思咎，长久以来都是中国传统的为人处世的原则。儒家认为，只要能安伦尽分，反躬内求，便是道德的完成，所以提出“为仁由己”，提高道德修养要“求诸己”。虚己就是为了寻找自己的过失，明恕则强调的是宽人，所以传统伦理非常强调对人要宽容大度、宽宏大量。虚己、明恕之美德造就了中国人忍让、谦逊的性格，培育了中华民族笃实宽厚的民风，而谦逊本身就是一种追求“和”的品德，是通过对他人的尊重和对自己的严格来达成“和”的境况的。

谏鼓置于尧世，谤木立于舜庭。

【注释】

选自《魏书·高祖纪上》。

【译文】

尧舜时代，有谏鼓、谤木立于朝廷上。

【赏析】

这是北魏孝文帝鼓励臣民进谏的诏书内容。他借尧舜置鼓于廷的故事来治理国家，他认为建立王朝的事业十分重要，不广泛征求意见就不能达到大治；君主的事务十分繁多，不博采众人之言，就不能建功立业。所以要虚怀若谷，让别人指出自己的过失，宽容别人而考虑自己的罪过。由于谏鼓置于尧世，谤木立于舜庭，消息很灵通，所以万物兴盛、国家大治。希望北魏全国人民尽力上书，提供治国之策，以期达到国家大治的目的。

言之者无罪，闻之者足以为戒。

【注释】

选自《魏书·高祖纪上》。

【译文】

提意见的人没有过失，听取意见的人要引以为戒。

【赏析】

这是北魏孝文帝下的诏书，体现了他对进谏者所采取的宽容的态度，也充分表现了孝文帝虚怀若谷、豁达大度的胸怀。正是在孝文帝的“令官民各上便宜诏”鼓励下，在他统治的二十余年时间里，北魏出现了许多不畏危险、勇于进谏的诤臣。这些人不但有鲜卑贵族如元澄，还有汉族大族李冲这样的官吏。他们聚集于孝文帝周围，纷纷为孝文帝治国安邦出谋划策，使北魏在孝文帝统治时期出现了一个清平局面。

理有一准，则民无觊觎；法启二门，则吏多威福。

【注释】

选自《魏书·废出三帝纪》。理：道理，事理。准：标准。觊觎：希望得到不该得到的东西。法：法律，法令。威福：作威作福。

【译文】

一视同仁，百姓则无非份之想；执法不一，官吏就会作威作福。

【赏析】

自古“王子犯法与庶民同罪”，法律面前人人平等，只有法律公平、公正才会得到百姓的认可和拥护，百姓才会积极守法，自觉维护国家的法律和制度，就不会存有违法时想逃脱法律制裁的那种侥幸心理。然而在封建社会，往往有“刑不上大夫，礼不下庶人”的现象，虽然法律面前平等，但现实面前往往不平等，由此便出现了一些巧取豪夺、作威作福的贪官，使百姓深受其害。

无私之泽，乃播均与兆庶；如阜如山，可有积与比户矣。

【注释】

选自《魏书·李安世传》。兆庶：百姓。比户：家家户户。

【译文】

皇上大公无私的恩泽，可以平等地施予亿万百姓；堆积如山的粮食，可以囤积在家家户户了。

【赏析】

这是李安世向皇帝上的奏疏，提出了均田制的建议，目的是消除过大的贫富差距，让贫困的人得到救济，让掠夺百姓土地的土豪劣绅得到抑制。因为当时天灾人祸给百姓带来严重灾害，饥民遍地，许多百姓背井离乡，四处漂流。土地被弃，荒草遍野，豪门望族趁机占夺大片土地。后来有许多百姓从外地迁回原籍，于是发生了争夺土地的问题。这个制度的实行使流民都编入国家控制下的编户册中，增加了政府税收。后世的均田制实起于李安世的这道奏疏。

【岁华纪胜图】册 局部 ［明］吴彬 中国台北故宫博物院藏 56－4

【岁华纪胜图】册 局部 [明] 吴彬 中国台北故宫博物院藏 56-4

《北齐书》名句

暹忧国如家，以天下为己任。

【注释】

选自《北齐书·崔暹传》。任：责任，职责。

【译文】

崔暹担忧国家就像担忧自己的家一样，把国家的兴衰做为自己的责任。

【赏析】

“天下兴亡，匹夫有责”，那些生于斯、长于斯的国人自然深深担忧国家就像担忧自己的家一样。从中国古代传统伦理“修身齐家、治国平天下”的价值取向中，也可以明确感受到中华民族爱国主义的美德。“以天下为己任”是中国古代伦理道德的价值理想，中国传统伦理“为天下”的美德，其社会根源是宗法社会家庭本位的社会结构和礼教文化的承袭，这种精神培育了国人强烈的社会责任感，他们前仆后继，造就了一大批舍小家顾国家的志士仁人。

沉静自居，必不招物议。

【注释】

选自《北齐书·元海传》。沉静：安静，平静。招：引来。物：别人。

【译文】

安静地处于一隅，一定不会招来别人的议论。

【赏析】

元海位高权重，恐怕遭众人议论，于是向君主上表，请求做青、齐二州的刺史，他认为这样安静地居于一隅，一定不会招来别人的议论，他吸取了老庄思想的精华，全身远祸，以静制动。历朝历代，有权有势的人，当他的权势旺盛的时候，好像炎炎的烈火，一时侥幸得福甚厚，但等到时衰运败，得祸也必然最为悲惨。反之，那些不羡功名、以沉静自居、恬淡清闲之人，则不会招人议论，既快乐又自适。只有能屈能伸、以退为进才能使富贵生活更长久。

若社稷颠覆，当背城死战，安能区区偷生苟活。

【注释】

选自《北齐书·高季式传》。社稷：国家。颠覆：灭亡。背：背靠着。区区：拘泥，局限。

【译文】

如果国家面临灭亡，应该背靠城墙决一死战，怎么能苟活求生呢？

【赏析】

贪生怕死，是人之常情；习孔孟之道，固知舍生取义的道理。当自己的国家面临危难之时，要想活着，就会损害道义，想要保全道义，就不能保全生命，与其活而不义，不如合乎道义赴死更好些。

瓜田李下，古人所慎，多言可畏，譬之防川。

【注释】

选自《北齐书·袁聿修传》。慎：谨慎，小心。畏：惧怕。譬：比喻，比如。防：堵塞。川：河流。

【译文】

瓜田边，李树下，古人路过时很谨慎，话说多了很可怕，因此谨防多言就好像防止河流崩溃一样。

【赏析】

言多必失，于己不利。所以一个人在语言表达上把关不严，则会使自己所处的环境混乱不堪。当宝玉缺损时，尚且可以把它磨平，可是一旦说话不当，可就无法补救了，因为覆水难收。所以我们平常说话前一定要三思而后行，尽量避免因不慎而导致的失误，免得后悔终生。

大丈夫宁可玉碎，不能瓦全。

【注释】

选自《北齐书·元景安传》。瓦：用土烧成的器物。

【译文】

大丈夫宁做玉器被打碎，不做陶器得保全。

【赏析】

北齐灭北魏后，杀了很多北魏的皇室族人，元景安是稍远的皇亲，他们商议决定跟北齐皇族改姓高，以保全性命，元景安的堂弟却说："大丈夫宁可玉碎，不能瓦全。"大丈夫宁愿为正义牺牲生命，也不愿苟全性命。哪一个人不想活着？但活着却违逆正义，那也只是苟且偷生。人生自古谁无死，或重于泰山，或轻于鸿毛。为了道义，又怎能乞求苟活呢？

《周书》名句

男儿当提剑汗马以取公侯，何能如先生为博士邪。

【注释】

选自《周书·宇文贵传》。汗马：骑马。博士：学识渊博的读书人。

【译文】

男子汉应当骑马挥剑取得公侯的爵位，怎么能像老师一样成为学识渊博的学者呢？

【赏析】

宇文贵是周宗室贵族，从小就不爱习文爱习武，他向往奔赴边疆为国效力，常常把书本扔了感叹他的抱负，后来他果真统领大军屡建战功。所以说，一个人勇于为国建功的精神气节即使传之万代也不会改变，精神的伟大可使后世的人受到极大的感染。君子不可因寻求学问功名富贵而玷污了自己的精神与气节。

古人能以寡制众者，皆由预睹成败，决必然之策耳。

【注释】

选自《周书·宇文贵传》。预睹：预见，预知。策：计策。

【译文】

古代能以少胜多的人，都是由于预知事情的成败，果断做出确定不移的决策。

【赏析】

知己知彼，百战不殆。很多以少胜多的战役都是这样取得胜利的。我们今天学习这种思想，不应当囿于侦察敌情，应把它做为一个“成功之道”加以借鉴。做一切事情，只有预先熟知情况才能作出准确的判断，进而制定行动方案，最终取胜。对身边发生的事情要有敏锐的洞察力，进而预知到苗头、端倪、发展、趋势，这就是“预睹成败”，如果这样，做什么事情都会得心应手，因为机遇往往喜欢光顾有准备的人。

人生富贵，左右咸言尽节，及遭厄难，乃知岁寒也。

【注释】

选自《周书·周惠达传》。咸：都。厄难：灾难。岁寒：天气寒冷。

【译文】

人生富贵的时候，左右的人都说要尽臣节，等到遭到了厄运，才知道天气寒冷时松柏的可贵。

【赏析】

嫌贫爱富乃人之常情，趋炎附势乃世之通病，富贵了就巴结，贫苦了就鄙弃，也是人际交往中普遍存在的现象，就好像经济杠杆也成了人际交往的法则，以至在《史记》中有“一贫一富乃知交态，一贵一贱交情乃见”的叹息。这正说明了世人对此的厌恶，因为这一现实和人们的交往需要、感情交流是相悖的，虽然人际关系都是在金钱的带动下建立的，但人们在无奈中仍盼望一种真诚，首先要求君子能甘于淡泊，以使社会不全处在一片感情的荒漠中。

穷兵黩武，仁者不为。

【注释】

选自《周书·赫连达传》。穷：穷尽。武：武力。仁：仁爱。

【译文】

耗尽武力去攻城，仁爱之人是不这样做的。

【赏析】

真正的兵者并不是穷兵黩武之人，他们向往一种不战而胜的境界。他们养精蓄锐，以待时机，当导致敌人失败的因素趋于成熟，从而就实现不战而胜的愿望。战而胜之，虽说是胜利了，但为胜利所付出的代价可能是杀人盈野，死伤惨重；也可能是动摇国本，削弱力量；还有可能是打个平手，使战争旷日持久地拖下去，在拖垮敌人的同时，也拖垮自己。故曰："不战而屈人之兵，善之善者也。"

清者莅职之本，俭者持身之基。

【注释】

选自《周书·裴侠传》。清：公正廉洁。莅：到。

【译文】

公正廉洁是任职的根本，节俭是修身养性的基础。

【赏析】

公正廉明、不徇私枉法、不以私情左右事务，才能做好一个官，才能够被人尊敬信服，自然也就不失个人的威严。对自己力求节俭不浪费，量入而出，则没有缺乏的忧虑。

恶木之阴，不可暂息；盗泉之水，无容悮饮。

【注释】

选自《周书·寇儁传》。阴：阴凉。容：允许。悮：同“误”。

【译文】

不好的树的阴凉，暂时停歇也不行；盗泉的水，容不得错喝。

【赏析】

君子爱财，取之有道，与这句话有相通之处。“利”是人们都喜爱的，然而它却是“害”的影子。如果人们不知克己，一味贪图财物而忘却祸害，这种毛病会像痼疾一样难以治愈。因此，为人绝对不可动贪心，贪心一动良知就自然泯灭，良知泯灭就丧失了正邪观念，正气一失，其他就随意而变了。刚毅之气也就顿时化为乌有，而聪颖智慧也就变成了糊涂昏聩，仁慈之心也就变成了残酷刻薄，高尚品德也就染满了污点。所谓聪明一世，糊涂一时，千万不要因小失大，毁了自己一世的清白。

《隋书》名句

君子立身，虽云百行，唯诚与孝，最为其首。

【注释】

选自《隋书·文帝纪》。立身：立足社会。首：最重要。

【译文】

君子在社会上立足成名，尽管需要修养的品行有很多方面，但只有诚和孝才是最重要的。

【赏析】

君明臣贤，父慈子孝是封建社会追求的理想王国。事奉君主应该竭尽忠心，这是臣子的大节，尽忠不怕死，为主忘自身，对君主绝不能有二心，这就是封建道德所提倡的“诚”。“孝”则提倡“人子事来，存乎孝敬”，统治者注重孝道，是因为孝是忠的基础，如果一个人不能对父母尽孝，那他也不可能为国、为主尽忠，所以忠是孝的延伸和深化，统治者重视忠孝伦理道德观念，其实是希望把人们塑造成忠孝两全的君子。

知臣莫若于君，知子莫若于父。

【注释】

选自《隋书·文帝纪》。若：像。

【译文】

了解大臣没有像君主那样清楚的，了解自己的孩子没人比得过父亲。

【赏析】

这是隋文帝遗诏中的话，他说我很了解我的儿子，杨勇、杨秀无臣子之心，所以废黜；杨广以仁孝著名，很合我意，希望群臣百官与杨广共治天下。应该说君臣父子朝夕相处，君对臣、父对子的品格行为是有相当了解的，但杨广继位后的所作所为恐怕让九泉之下的隋文帝也瞠目结舌吧。

处贵则戒之以奢，持满则守之以约。

【注释】

选自《隋书·梁毗传》。

【译文】

处于尊贵地位时要防止奢侈，保持富足就要遵从节约之道。

【赏析】

这是梁毗在皇上面前弹劾刘昉的话，但刘昉倚仗皇帝的宠爱而不自持，最终自取灭亡。历史曾有惊人的相似，陈胜没有称王的时候，曾和同伴相约“苟富贵，毋相忘”，可陈胜真的富而且贵的时候，却忘记了自己的承诺。富贵和贫穷是相对立的，从古到今，很多人一旦有了权势，便觉得身价倍增，不思为民造福，忘却了水能载舟亦能覆舟的古训，有了财富便显得趾高气扬，骄奢淫逸，仿佛自己的血统都比别人高贵。如果在富贵时想不到贫穷，就很难使富贵长久，也就根本说不上具备好的品德了。

川泽纳污，所以成其深；山岳藏疾，所以就其大。

【注释】

选自《隋书·长孙平传》。纳：容纳。污：污垢，污浊的东西。藏：隐藏，储藏。成：完成，实现。

【译文】

川泽能够接受肮脏，所以形成了它的深远；山岳能够包容缺点，所以成就了它的高大。

【赏析】

大都督邴诏曾被人诬告诽谤朝廷之罪，皇上愤怒地要将之处斩，长孙平劝谏说，山川能纳污藏疾，君主也当有含垢纳污之量。只有豁达大度，广开言路，才能成就大业，把国家治理好，否则一味的心胸狭窄，不能容人，就会使天下百姓不敢说话，那么君主也就很难有所作为了。皇上接受了长孙平的进言，赦免了邴诏，并布告天下，“诽谤之罪，勿复以闻。”可以这样说，世间本来就是正邪善恶交错并存，没有什么绝对的、不相联系的事，人们在这个社会上生存，就必须有清浊并包的雅量；如果只是选择清白而排斥污浊，就会成为孤芳自赏的孤家寡人，与别人格格不入，陷入孤立无援的状态，一个巴掌拍不响，何谈成就一番伟业。

君不密则失臣，臣不密则失身。

【注释】

选自《隋书·贺若弼传》。

【译文】

君主不慎密就会失去臣下，大臣不慎密就会失去性命。

【赏析】

周武帝时，上柱国乌丸轨曾上书说要废太子，并说与贺若弼议论过。武帝召来贺若弼相问，贺若弼知道太子的地位不可动摇，恐怕祸及自己，诈称："皇太子德业日新月异，未见什么缺陷。"武帝默然。退朝后，乌丸轨责备他背叛自己，贺若弼说："君不密则失臣，臣不密则失身，所以不敢轻议。"劝谏国君对自己要严格要求，明察秋毫，身正才能为范，如对自己的行为要求不严，就无法以身作则，无法成为天下人的榜样，也就失去了百姓的信任。同样，作为臣子，也不能放纵自己，一旦懈怠必然会誉毁身亡。

《南史》名句

成败相因，理不常泰。

【注释】

选自《南史·宋本纪》。理：道理，规律。泰：安宁。

【译文】

成功与失败互为因果关系，世事不会永远太平安宁。

【赏析】

成败乃瞬间之事，有时是难以预料的。成功固然值得欢欣，但切不可沾沾自喜，要时刻想着祸害、灾难随时都有可能发生；要居安思危，防患于未然，否则会随时发生危险，成功很可能就是失败的开始，最后导致失败。同样，“失败是成功之母”，只要善于总结，失败可能是成功的前奏，“吃一堑，长一智”，从而获得智慧，摆脱愚昧，使人变得更加聪明。人的一生就是这样在不断的失败中吸取经验从而取得成功的，所以成功与失败不是绝对不变的，它们之间是可以相互转化的。

忠烈断金，精贯白日，荷戈俟奋，志在毕命。

【注释】

选自《南史·宋本纪》。荷戈：拿着兵器。俟：等待。毕：结束。

【译文】

忠烈能熔断金石，精诚可以横贯皓天白日，拿着兵器等待奋战的机会，即使牺牲生命也在所不惜。

【赏析】

古代的忠义之士对国家强烈的赤胆忠心和高尚的爱国情操令无数有志之士由衷敬仰，他们奋战疆场，宁可牺牲自己的生命，也不背叛自己的祖国的精神，激励了一代又一代的爱国人士。

圣人顺于人情而为之度。

【注释】

选自《南史·后妃列传》。顺：顺应，顺从。人情：人之常情。

【译文】

圣人在顺应人之常情时应有所节制。

【赏析】

“食、色，性也。”圣人也不例外，但应能做到节制、节欲。饥饿的时候，食物吃起来感到可口甘甜，若是大吃大喝，则美味浓淡就一点都分别不出来了。历史上的昏君之所以昏庸无度，是因为他们过分放纵自己，为满足自己的欲望，不惜牺牲广大百姓甚至整个国家的利益。所以，圣人能把握好那个度，知道在一定范围内行使权利对身心有好处，否则就无益身心。

前哲以善人为宝，不以珠玉为宝。

【注释】

选自《南史·宋宗室及诸王列传》。前哲：前代的贤人。善人：有道德修养的人。

【译文】

古代贤人把有才能的人视为至宝，而不把珠玉当作宝贝。

【赏析】

自古以来，贤能的君王都非常重视、尊重人才。珠宝玉器虽珍贵无比，但却是身外之物，只能束之高阁或把玩于股掌之间，并不能有助于国家的兴盛，而人才则是无价之宝，是国家的栋梁，能辅佐国君治理天下。人才是天下难以获得的至宝，古人尚如此重视人才，何况我们现代人呢？

理贵有中，不必过厚。

【注释】

选自《南史·臧焘传》。厚：重、大、多。

【译文】

道理贵在恰到好处，不必过重过大。

【赏析】

这句话其实是儒家中庸思想的体现。“中”就是不偏不倚。在处理各种事情和关系时，就应该采取中庸的态度。如果一个人对自己的情感保持平和，对自己的欲望不要求太高，对自己的行为与复杂的社会关系、人际关系采取适中的态度，从这个意义上讲倒有其积极意义。然而将这种中庸之道用到社会的进步和发展之中，就会缺乏竞争，缺乏前进的动力和活力，要大踏步向前发展，实现经济的腾飞就很难了。总之，为人处世少不了中庸思想，但若一味固步自封也是很难有所成就的。

据洪图而轻天下，吝寸阴而贱尺璧。

【注释】

选自《南史·李延寿传》。

【译文】

怀有宏图大业者以天下为轻，吝啬寸把光阴者以尺璧为贱。

【赏析】

理想像海洋中的灯塔，有了它就像在黑夜中见到了光明；抱负像生命里的阳光，有了它，生命就有了动力，所以就不要把功名利禄放在眼里。要实现宏图大业就应该从小事做起，从现在做起，珍惜每一秒的时间。人的社会经验、涉世态度，包括人所取得的一切成果都是从时间中来，时间虽然一去不复返，但若你没有浪费它，它将会体现出你的人生价值。

以清白遗子孙，不亦厚乎。

【注释】

选自《南史·徐勉传》。厚：丰厚，富足。

【译文】

把清清白白做人的品质留给后代子孙，不也是很厚重的一笔财富吗？

【赏析】

南朝的徐勉为官十分清正廉洁，他什么也没给儿子徐崧留下，留下的只是厚重的清白品质。古人说过“遗子黄金满籝，不如一经。”说明古人非常重视人的品德，要求子孙后代也要清清白白做人。

《北史》名句

居高而必危，每处满而防溢。

【注释】

选自《北史·后妃列传》。

【译文】

居高位一定要有危险意识，而东西满了就要防止它溢出来。

【赏析】

隋炀帝的皇后萧氏是一位值得称颂的有德皇后，上面两句话是萧氏在《述志赋》里劝谏隋炀帝的话，但隋炀帝不听劝告，恣意妄为而自取灭亡。居高位的人，在高位上得意，被物欲眩惑而不自觉，自然不知处境的危险，终至满盈招祸，等到穷途末路再后悔就迟了，而萧后正是一个能居安思危之人。

恭俭福之舆，傲侈祸之机。

【注释】

选自《北史·崔冏传》。恭俭：恭敬节俭。舆：车。傲侈：傲慢奢侈。机：事情变化的枢纽，有重要关系的环节。

【译文】

恭敬节俭是承载福禄的车子，傲慢奢侈给祸患提供了契机。

【赏析】

这两句是崔冏临终时告诫两个儿子的话。他认为恭敬节俭才可承载福禄，傲慢奢侈则会面临祸患。崔冏的遗训对后世也有深刻的影响，告诫做父母的要正确培养教育孩子，注重对他们人格的塑造，提高他们自身的修养，养成恭敬节俭的品质，傲慢奢侈只会为他埋下祸根。

经师易求，人师难得。

【注释】

选自《北史·卢诞传》。

【译文】

教读经书的老师容易找，而教做人道理的老师很难得。

【赏析】

这是魏帝给王子们寻求老师的诏书。他认为:“经师易求，人师难得。”而卢诞以儒学为业，周文帝以他为儒学尊师，当时备受推崇。魏帝此言指出教师的职责不仅仅是给人传授知识，最重要的是教育学生如何做人。

天应人和，时会并集。

【注释】

选自《北史·崔浩传》。时会：时运。

【译文】

顺应天理，和洽人心，时运会一并到来。

【赏析】

这是崔浩讨伐赫连昌时的宣言。他认为只要天时、地利、人和这几个因素具备了，是战无不胜的。于是皇帝派奚斤等出击蒲坂，自己率轻骑部队直取其都城，结果大获全胜。这是儒家“天人合一”思想的体现，即上顺应天理，下和洽人心，同时又与四时的运行相一致。上有天时，下有人和，天人彼此联系，相互依存，成为整体。有灵性的人类应该按照天道来实践人道。在实践中，我们要考虑到天，但更要强调人的作用，就是要正确地处理好人与自然环境、社会环境的关系，让其更好地为人类服务。

《旧唐书》名句

君臣朝序，贵贱之礼斯殊；兄弟大伦，先后之仪亦异。

【注释】

选自《旧唐书·中宗纪》。

【译文】

君主臣子朝见有先后顺序，尊贵卑贱的礼制是不相同的；兄弟同辈之间的伦理也有先后不同的礼仪。

【赏析】

“君君、臣臣、父父、子子”是封建社会的伦理纲常。儒家的观点认为，如果君臣、父子、夫妻能各尽其职，恪守自己的义务，则一定可以达到自己的目的。遵守伦理所规定的差别，相互之间就不会出现不和谐的情况，小则可以修身齐家，大则可以治国平天下，从这个方面讲有其积极意义。而封建帝王们竭力推崇这种思想，严格划分各等级之间的界限，并不容有丝毫的紊乱，是为了达到维护自己封建专制主义集权制度，进一步控制人民的目的。

以铜为镜，可以正衣冠；以古为镜，可以知兴替；以人为镜，可以明得失。

【注释】

选自《旧唐书·魏徵传》。

【译文】

以铜作镜子，可以端正衣帽；以历史作镜子，可以知道兴衰更替；以人作镜子，可以明白得失。

【赏析】

唐太宗李世民是中国古代帝王中数一数二的明君。他从谏如流，虚怀若谷。由于唐太宗提倡进谏，在大臣中一时形成了以进谏为忠的风气。其中最突出的当推魏徵，被称为千古一人，史称“徵性亢直，凡所谏诤，委曲反复不以不止。”他常常痛切陈词，触及唐太宗思想深处的隐微，纠正了唐太宗的许多错误，帮助唐太宗决策，成为唐太宗的一面镜子，对于贞观之治的出现起了积极的作用。魏徵死后，唐太宗悲痛不已，说：“以铜为镜，可以正衣冠；

以古为镜，可以知兴替；以人为镜，可以明得失；朕常保此三镜，以防己过。今魏徵殂逝，遂亡一镜矣！”魏徵的犯颜直谏和唐太宗的从谏如流，成为封建社会君臣关系的典范，留给后人宝贵的启示。

求木之长者，必固其根本；欲流之远者，必浚其泉源；思国之安者，必积其德义。

【注释】

选自《旧唐书·魏徵传》。根本：植物的根。浚：深挖河道，使水疏通。

【译文】

希望树木长得茂盛，必定要使树根牢固；要想使河水流得长远，一定要深挖它的源头；要想使国家政局安定，一定要多积累道德、仁义。

【赏析】

这是魏徵《谏太宗十思疏》里的第一句话，写于贞观十一年四月。魏徵认为，源头不深而希望河水流得远，树根不牢固而希望树木长得茂盛，道德、仁义不深厚而希望国家安定是不可能的。国君担负着国家的重任，居于全国举足轻重的地位，要想秉承上天的大德，永久地保持无边的福禄，而不考虑安乐时存在危险，不力戒奢侈而提倡节俭，就不能积累深厚的美德，理智也就不能战胜贪欲，这些就像砍断树根而希望树木茂盛，堵塞源头而希望河水流得长远一样，都是不可能实现的。魏徵围绕“思国之安者，必积其德义”的主题，从正反两个方面进行论述，以突出“不积德义”的危害性，可以看出魏徵从总结历史经验着眼，语重心长，委婉含蓄地点透太宗“纵情傲物”的思想，是治疗太宗骄奢淫逸的一剂良药。

贵不与骄期而骄自至，富不与侈期而侈自来。

【注释】

选自《旧唐书·魏徵传》。期：约定时日。

【译文】

尊贵不和骄傲约定而骄傲会自己到来，富裕不和奢侈约定而奢侈也会自己到来。

【赏析】

这是贞观十一年五月魏徵在给太宗的奏折中写的话。当时太宗出巡洛阳，停留在显仁宫，因宫苑官员安排照顾不周，多被太宗指责。魏徵觉得太宗居安忘危，志在奢靡，因而上书劝阻。疏文中魏徵引经据典，反复论证，逻辑性强，说理透彻，且有很多带有自发的朴素的辩证观点，其中“贵不与骄期而骄自至，富不与侈期而侈自来”，更是发人深省的至理名言。就是说，“贵”和“骄”本来没有必然的联系，可是你官做大了，不想骄傲，骄傲也会自然沾到你的身上；“富”和“侈”本来也没有必然的联系，可是你一旦有了钱财，不打算浪费，而浪费也会跟着你来。魏徵这一奏疏，距《谏太宗十思疏》仅相隔一月，对太宗又是一剂苦口良药。太宗看后说：“如果没有你，我是听不到这些话的。”

能思其所以危，则安矣；能思其所以乱，则治矣；能思其所以亡，则存矣。

【注释】

选自《旧唐书·魏徵传》。

【译文】

能想到危险的原因，国家就平安了；能想到混乱的原因，国家就太平了；能想到灭亡的原因，国家就得以生存了。

【赏析】

“前世不忘，后世之师。”这是魏徵劝谏唐太宗不要重蹈隋炀帝覆辙的话。针对太宗渐生骄奢的实际，他以史为鉴，语重心长，希望太宗节制自己的嗜好和欲望而顺从众人，减少娱乐，停止营建奢侈华丽的宫殿。采取尧舜竖诽谤木的做法，效法禹汤归罪于自己的做法，爱惜人民的财产，顺从百姓的心意。就近从自身做起，履行过去的恭敬俭约，那就尽善尽美了。中国封建社会的开国之君大都能做到减省徭役、不事奢靡、裁抑浪费、发展生产，但随着社会经济的恢复和政局的逐渐稳定，其后代子孙则慢慢走上了耽于享乐和骄奢淫逸的道路，使得各种矛盾不断积聚，因而引发周期性的动荡，以致身死国灭，所以历史的教训应谨记。

君子小过，盖白玉之微瑕；小人小善，乃铅刀之一割。铅刀一割，良工之所不重，小善不足以掩众恶也；白玉微瑕，善贾之所不弃，小疵不足以妨大美也。

【注释】

选自《旧唐书·魏徵传》。贾：商人。

【译文】

君子的小过错，大约是像白玉上的小斑点；小人的小优点，就像铅刀虽不锋利，但偶尔也能割断东西。铅刀虽偶尔能割断东西，技术高超的工匠并不重视它，因为小优点不能掩饰众多的平庸；白玉有小斑点，精明的商人不会扔掉它，因为小斑点不会影响白玉的整个美质。

【赏析】

贞观十一年前后，宦官奉命出使地方时，为非作歹，影响极坏。魏徵上书陈词，专门论述君子小人问题，批评唐太宗宠信小人，疏远君子，提出了精辟的论断。其目的在于打击歪风，扶植正气。魏徵认为，一个人总是有自己的长处和短处、优点和缺点。那么，应该怎样对待这些问题呢？魏徵的论点就是上述话语，他进一步用屈原之所以投江而死，卞和之所以抱玉哭泣的史实阐述做为一国之君不能被表面现象所蒙蔽，欣赏小人的小优点，看重君子的小缺点，如此下去，好人抬不起头来，坏人就可以胡作非为，结果造成上下隔阂，朝政混乱，清浊不分，国家的统治就不堪设想了。唐太宗看过上书后，知错就改，把魏徵夸赞一番，表示今后不再派宦官出使地方了。

若憎而不知其善，则为善者必惧；爱而不知其恶，则为恶者实繁。

【注释】

选自《旧唐书·魏徵传》。

【译文】

如果自己憎恨别人，不能看到所憎恨之人的长处，那么做好事的人就会感到恐惧；如果自己喜爱别人，不知道所喜爱之人的短处，那么做坏事的人就会越来越多。

【赏析】

魏徵劝谏唐太宗要任人唯贤，不能任人唯亲，如果治理国家从爱憎出发，感情用事，就会助长甚至放纵奸臣们把国家搞乱。从这里可以看出，魏徵既熟悉儒家经典，又了解前代兴亡，因而能在习以为常的事物中发现憎与善、爱与恶的辩证统一关系，并以此为契机去劝谏唐太宗。

负薪救火，扬汤止沸，以暴易暴，与乱同道，莫可测也，后嗣何观！

【注释】

选自《旧唐书·魏徵传》。后嗣：后代。观：显示，给人看。

【译文】

背着木柴去救火，扬起沸水来阻止其沸腾，用残暴来代替残暴，与原来的混乱同出一辙，其后果是难以估量的。这样下去，继前朝而为君的，还有什么可以给后代看的呢！

【赏析】

贞观年间，国泰民安，唐太宗便渐生骄奢之心，大征徭役，在洛阳兴建“飞山宫”，魏徵就是针对这一现象上书太宗的。他说：如果君王有一念之差，不善始善终，忘记了缔造国家的艰难，认为上天的意旨可以依仗，忽略了应该奉行节俭，而一味追求华美的宫殿，类似这样，不知道停止和满足，百姓看不到君王的美德，相反只听到不断征发劳役的消息，这是最下等的治国方法。就像“负薪救火，扬汤止沸，以暴易暴，与乱同道，莫可测也，后嗣何观！”如果这样做的话，将会民怨四起，祸患和灾害也就容易发生，国家的根基就容易动摇，希望皇上认真思考。魏徵的这段话论述精辟，论点明确，逻辑严谨，说理性强。太宗阅后，深受感动，遂停止修建“飞山宫”。

俭，德之恭；侈，恶之大。

【注释】

选自《旧唐书·宋璟传》。

【译文】

俭朴，是道德的恭敬；奢侈，是最大的坏事。

【赏析】

唐玄宗的国丈王仁皎去世时，准备延用昭成皇后父亲窦孝谌的旧例坟高五丈一尺。宋璟等奏请应依照规定的制度，玄宗基本同意，第二天，又诏命如孝谌旧例。宋璟又启奏说：“俭，德之恭；侈，

【岁华纪胜图】册 局部［明］吴彬 中国台北故宫博物院藏

【岁华纪胜图】册 局部 [明] 吴彬 中国台北故宫博物院藏 56-5

恶之大。”他认为，超越礼制而厚葬，是前世所戒，所以古时筑坟而不建坟。又举例说，贞观时嫁长乐公主，魏徵就提出仪式不能超过长公主，太宗也采纳了魏徵的意见。而韦庶人追封自己的父亲，擅自建筑酆陵，脚跟还未倒转祸患已经降临。宋璟正是用正反对比的例子来说明节俭兴邦，奢侈亡国的道理。所以，作为统治者应该身体力行，正自身以管理天下，为百姓做榜样，不能带头奢侈。

力寡而敌坚，则先其所易。

【注释】

选自《旧唐书·陆贽传》。

【译文】

兵力少而敌人坚强，首先应当攻击其易击破之处。

【赏析】

两虎相击，必有一伤。以己之强攻敌之弱，以己之弱避敌之强便是一种军事策略。当敌众我寡时，就暂时避开它，但不是避而不打，而是旨在拣弱敌打，避免不利的决战，避强击弱，避长击短。现实生活中，人们会遇到各种各样的“强”，“强”是相对于“弱”而言的，因为自己“弱”，所以才显得对方“强”。就力量来说，以弱胜强是不可能的，但以智谋而论，弱是可以胜强的，即扬长避短，以己之长攻敌之短，还会达不到自己的目的吗？

兵在主将善用，不在众也。

【注释】

选自《旧唐书·薛仁贵传》。

【译文】

军队克敌制胜，不在于人数众多，而在于主将善于运用自己的将士。

【赏析】

薛仁贵在进攻扶余城时只有两千人，所以将士们都对这一战没有把握，但薛仁贵却说："在主将善用，不在众也。"随后派先锋兵力出击，敌人用众多兵力顽强抵抗，结果薛仁贵以少胜多，杀敌并俘获数万人，攻下了扶余城。由此可见战争的胜负，并不在于兵力的多寡，而在于是否善将兵，以智谋取胜。同样的道理，要想做好任何一件事，不在于人多，而在于是否是精英。

以逸待劳，则战士力倍；以主御客，则我得其便；坚壁清野，则寇无所得。

【注释】

选自《旧唐书·狄仁杰传》。

【译文】

以逸待劳，则战士力量倍增；以主御客，则我方可得便利；坚壁清野，则侵寇无所可得。

【赏析】

这是狄仁杰启奏武则天的折子，是针对658年定安四镇后，百姓大量迁徙，导致人心不稳这一情况提出的。他在此奏请武则天罢百姓西戍，以消除徭役久而积怨深之弊；提出册封当地可汗，对边疆地区恩威并施的统治方针；建议充实边防军力，用以逸待劳、以主御客、坚壁清野的方法驻守边防，以达到边塞有稳定之象、百姓无转输之苦、国家能长治久安的目的。该奏折对统治者如何处理边疆问题提出了切实可行的方案，值得后人借鉴。狄仁杰无论何时、何事一定要拥有主动权的思想也值得推崇。

自古以来，国之兴亡，不在积蓄多少，唯在百姓苦乐。

【注释】

选自《旧唐书·马周传》。

【译文】

自古以来，国家兴亡，不在于积蓄的多少，在于是否知道百姓的苦乐。

【赏析】

贞观初年，唐太宗励精图治，广纳臣言，提倡节俭，轻徭薄赋，遂成就“贞观之治”。但到后期，唐太宗的生活走向奢侈，“宫室台榭，屡有兴作。”对唐太宗由俭到奢的变化，时任侍御史的马周上书劝谏，他纵论古今，以夏殷至隋历代兴亡的缘由为鉴，向太宗提出广施德化、少徭役、尚节俭、抑制诸王、选用贤才、以百姓苦乐为本的治国方策。他认为唯有这样，才能使国泰民安，永保大业。唐太宗本是个知错即改的明君，所以立即就采纳了他的建议。

罄南山之竹，书罪无穷；决东海之波，流恶难尽。

【注释】

选自《旧唐书·李密传》。罄：穷，尽。决：放水。

【译文】

用完南山的竹子，也写不完罪恶；放尽东海之水，也无法流完坏事。

【赏析】

隋炀帝即位以后，凭借着强大的国力和积累起来的丰盈的物质财富，挥金如土，大肆浪费。对内采取疯狂的血腥统治，对外多次发动不义战争。在短短的十几年中，建造了许多华丽的宫殿，修复了数千里的长城，沟通了长达五千余里的运河，同时也征发了千百万人民参加内外战争。在隋朝暴政统治下，各族人民生活陷入痛苦的深渊，于是在民间便流传有很多反对隋炀帝的歌谣。这个歌谣虽然是在说隋炀帝，但是在封建社会中其实并不单单指一个君王，很多暴君如桀、纣都如此。

为令者由近而及远，行罚者先亲而后疏。

【注释】

选自《旧唐书·李杰传》。

【译文】

施行法令要先由近及远，施行刑罚也要先亲后疏。

【赏析】

唐代统治者贯彻“法行自近”的原则。所谓“法行自近”，就是在治国方针上把打击犯法权贵的原则引入立法与司法实践之中。皇亲孙昕与妹夫杨仙玉殴打御史大夫李杰，被唐玄宗处以“杖杀”的刑罚。姚崇在《十事要疏》里提出了“法行自近”的主张，他认为君臣要带头守法，法不阿贵，把打击权贵作为能否贯彻有法必依，执法必严，违法必究原则的关键问题。反之，以严刑峻法对待百姓，宽免作奸犯科的皇亲国戚、权贵勋旧，则法治必定荡然无存，社会必然陷入混乱和动荡之中。盛唐不仅文学艺术成就辉煌，法制思想亦十分先进，值得我们学习。

《新唐书》名句

不设规矩，无以顺人；不切刑罚，无以息暴。

【注释】

选自《新唐书·朱敬则传》。规矩：一定的标准、法则或习惯。顺：顺从。切：符合。

【译文】

不设立法令就无法使百姓顺从，不按刑罚办事，就无法平息暴乱。

【赏析】

武则天执政后，天下流言四起，于是武则天就网罗天下非议者，大兴狱讼。面对这种情况，大臣朱敬则提出见解，他认为，虽然刻薄可施于不法，变诈可陈于攻战，但这只是相对于天下未定之时说的，等天下平定之后，就应该取消苛刻的刑罚，代之以宽大仁爱的政策，这样才可以赢得民心，巩固自己的统治。他的这种“礼刑并用”的思想受到历代统治者的推崇，古代的帝王，凡是以仁义治天下的，国运都会长久；而以刑罚法律治天下的，虽然初期也见成效，但很快就会使国家衰亡。

史有三长，才、学、识，世罕兼之，故史者少。

【注释】

选自《新唐书·刘子玄传》。

【译文】

修史必须有三方面的特长，才、学、识，世人很少能兼而有之，所以修史人才少。

【赏析】

礼部尚书郑维忠曾经问刘子玄："自古文士多，修史人才少，为什么呢？"刘子玄即以此句回答他。刘子玄修国史三十多年，虽然官职有升有降，但职责依旧，他对史家有非常深刻的认识。他认为作为一个史学家，必须具备才、学、识这三种特质。如果有学无才，就像愚笨的商人拿着金钱，不知道如何办货；有才无学，就像巧手的工匠没有良才和斧头，不能建成房子。刘子玄关于"史学三长"的观点仍为现在的史学家所借鉴。

君子小人以类聚，未有无徒者，君子之徒同德，小人之徒同恶，外甚类，中实远。

【注释】

选自《新唐书·裴度传》。

【译文】

不论君子还是小人，都是以类相聚，毫无例外，但君子聚而同德，小人聚而同恶。看起来二者都是结党，但其实质却相距甚远。

【赏析】

唐宪宗曾向裴度抱怨说自己最讨厌结党营私的人，裴度即将这句话说给宪宗听，实际上他是向宪宗阐述君子与小人的区别：君子喻于义，他们有高尚的道德，他们胸怀远大，视野开阔，考虑的是国家和社会的事情；小人喻于利，他们蝇营狗苟，拉帮结派，迷惑君主，是国亡大患。宪宗说：“说起来差不多是这样，朕怎易辨识？”裴度退下后高兴地说：“皇上以为难辨则易，以为易辨则难。君子小人就要区别清楚了。”正因为裴度仗义直言，忠厚老实，所以最后终被程异、皇甫博等小人所谄害，调出京师，出任河东节度使。

《旧五代史》名句

卑躬待士，屈己求贤。

【注释】

选自《旧五代史·后梁太祖纪》。卑：贬低，降低。躬：自身，亲身。屈：委屈。求：选择，选取。

【译文】

降低自己的身份对待读书人，委屈自己选择有才能的人。

【赏析】

梁太祖求贤若渴，这句话表明的就是他张榜广纳贤才时所持的态度。“卑躬待士，屈己求贤”表明他对人才非常重视。对于一名驰骋疆场、叱咤风云的一代君主来说，能够“卑躬”“屈己”，放下尊贵的地位，去“待士”“求贤”，说明他确实是一位明智的君王，他懂得礼贤下士比功名利禄更有利于吸引人才为国效劳这个道理。

物不极则不反，恶不极则不亡。

【注释】

选自《旧五代史·后唐庄宗纪》。极：达到顶点。

【译文】

事物达不到极点就不会走向反面，坏事没有做到头也就不会灭亡。

【赏析】

世间万物，都是盛极必衰、物极必反，只有当量变达到一定程度时才会引起质变。这和《易经》主张的“日中则昃，月盈则亏”是一个道理。假使恶到了令人发指的极点，灭亡则是不可避免的。正如人们通常所说的：“善有善报，恶有恶报，不是不报，时候未到”，一旦量变达到度的极限时，也就是事物发生转变的重要时刻。

人而无礼，罪莫大焉。

【注释】

选自《旧五代史·后唐庄宗纪》。

【译文】

人没有礼是最大的罪过。

【赏析】

中国一向是个讲礼的国度，礼教虽然对人心起到了制约和束缚的作用，但却是根据人们的意志制定的行为规范。为使人心不至于浮动，制定亲近、疏远的差异及上下的名分，让狂傲的人不至于太张狂，让快乐的人不能超过限度，使人们一丝一毫都不能超过礼法，它确立了人的社会位置，使社会秩序化、和谐化。

人生而有死，理之常也。

【注释】

选自《旧五代史·后晋宗室列传》。常：常规，普通。

【译文】

人生一世，必有一死，这是最普通的道理。

【赏析】

这是石敬瑭的弟弟石敬威临死时说的话。他身为唐臣不能对唐尽忠，身为敬瑭之弟又不能对兄尽悌，所以左右为难，只好“自杀于官邸”。但他面对死亡时所表现出的豁达和对死之常理的认识，却是常人难以达到的。人生自古谁无死，但要死得其所，这才符合正道。舍生取义，会死而无憾；但生命诚可贵，生死面前一定要三思而后行，切莫将来后悔。

尝胆履水，废飧辍寐。

【注释】

选自《旧五代史·后汉隐帝本纪》。尝胆：尝胆汁。履：踩，走。废：顾不得。飧：晚饭，也指简单的饭。辍：停止，中止。寐：睡。

【译文】

尝着苦涩的胆汁，踩在水上；顾不得吃饭睡觉。

【赏析】

创业的历程倍感艰辛。卧薪尝胆，废寝忘食，这是生长在富贵中的人所体会不到的。贫穷和苦难，是人世间的苦中之苦，然而苦难其实也是一笔用之不尽的精神财富，只要有坚强的意志，有坚忍不拔的精神，一定会苦尽甘来的。

人臣望重必危，功崇难保。

【注释】

选自《旧五代史·后周列传》。

【译文】

大臣的威望过重，处境必然危险；功劳过大，则性命难保。

【赏析】

历朝历代，那些劳苦功高的开国功臣，大多都没有善终的，只因为他们功高盖主，引起了皇帝杀心。只有像张良那样功成身退、明哲保身的人才能防患于未然。从做人、干事业角度看，“满招损，谦受益”，“天道忌盈，卦终未济”，这些道家思想也对人们的影响很大。它告诫人们凡事不要追求完美，不应妄想登峰造极，因为有上坡就必然有下坡，也就是有上台必然有下台的一天。事情到了一定的限度必然发生质的变化。从这个意义上讲，功业不求满盈，留有余地，也是一种处世方法。所以，不要痴心于功名利禄，该退出的时候就毫不犹豫地退出，这样才会永保安全。

《新五代史》名句

凡蹈危者虑深而获全，居安者患生于所忽。

【注释】

选自《新五代史·冯道传》。蹈：投入，跳入。居：站在，处于。

【译文】

凡是处在危险境地的人多加考虑就能得到保全，处于安全境地中祸患往往在疏忽时就会发生。

【赏析】

“生于忧患，死于安乐。”只有居安思危，才能防患于未然。冯道曾以亲身经历劝明宗，他说：“我做河东掌书记时，曾奉命出使中山，路过有陷阱的地方时，害怕马失前蹄，把缰绳抓得紧紧的能安全度过，而到了平地时，认为没有什么忧虑了，结果突然跌倒而受伤。所以‘凡蹈危者虑深而获全，居安者患生于所忽’，这是人之常情。”明宗问到：“现在天下丰收，百姓还需要救济吗？” 冯道说：“谷贵饿农，谷贱伤农。”他的这种“谷贵饿农，谷贱伤农”的治国思想，其实正是居安思危的具体体现，很符合明宗的主张，并且对明宗“以民为本，政皆中道”的治国方略的形成有深刻的影响，客观上有其积极的一面。

自古女祸，大者亡天下，其次亡家，其次亡身。

【注释】

选自《新五代史·梁家人传第一》。

【译文】

自古以来，贪恋女色的祸患，从大的方面来说可以使国家灭亡，其次是家破，再次是人亡。

【赏析】

红颜祸水，自古因贪恋女色伤身亡国的国君数不胜数。夏桀、周幽王因取悦妺喜、褒姒而亡国身死；吴王因宠幸西施也亡国亡身；汉成帝因宠幸赵飞燕姐妹最终死在了赵合德的身上……唐玄宗因杨贵妃而致安史之乱。这些例子表明，在历朝历代，迷恋女色造成有的人葬送了国家，有的人失掉了自家性命，也与帝王的昏庸有很大关系，因此统治者应吸取前代教训，自省自诫。

豹死留皮，人死留名。

【注释】

选自《新五代史·王彦章传》。

【译文】

豹死亡会留下珍贵的毛皮，人死亡则要留下流传久远的名声。

【赏析】

春临大地，万物勃发，红花绿草，鸟儿翩飞，一切都是那么生机勃勃。人类乃万物灵长，必然也要有所作为，所以梁臣王彦章就常说："豹死留皮，人死留名。"人如果生来既不知道自己是为何而生，更不想为社会尽点力量，那就是所谓的醉生梦死之徒。从古到今，身前重名、身后重誉是一个传统，尤其是对当权者，他的声誉取决于他的政绩如何。所谓"得时当为天下语"，一定要为天下苍生和后世子孙多做一些事情。宋儒张载曾发出"为天下立心，为生民立命，为往圣继绝学，为万世开太平"的呼声。既"幸列头角"，就应当有所作为。能为平民百姓请命的是清官，能为国家兴利除弊的是贤达，能为后人著书立说的是贤哲。所以，为政者一切言行要想为人们所效法，受人们的尊敬，那么他所做的事业就必须是顶天立地、继往开来的。而普通的百姓也应该积极上进，不能只图物质享受，那样的话就会无声无息地终老，虽然生活无忧，但又有什么意义而言呢？

忧劳可以兴国，逸豫可以亡身。

【注释】

选自《新五代史·伶官传序》。豫：安逸。

【译文】

忧虑辛劳可以使国家兴盛，安逸娱乐可以使自身败亡。

【赏析】

国家兴亡的道理自古以来都被很多人、很多书籍讨论过，而《新五代史·伶官传序》也对这个问题进行了阐述，认为“忧劳可以兴国，逸豫可以亡身。”这句话简明扼要地说明君主要想使国家兴盛，必须要在艰难困苦的环境中磨练心性，然后才能经得起巨浪的冲击，担当起“挽狂澜于既倒”的重任。那些精神不振，贪图安逸，无所事事之人，终将导致自身败亡的结局，终将被社会所厌弃，被历史遗忘。

《宋史》名句

刑以惩恶，赏以酬功，古今通道也。且刑赏天下之刑赏，非陛下之刑赏，岂得以喜怒专之。

【注释】

选自《宋史·赵普传》。

【译文】

刑法是用来惩治恶行的，奖赏是酬谢功绩的，这是自古以来的道理。何况刑赏是天下人的刑赏，并非陛下一人的刑赏，怎么能以自己的喜怒而专断呢？

【赏析】

宋初，太祖杯酒释兵权之后，大臣们多半墨守成规，唯唯诺诺，只有赵普仍然雷厉风行，敢于直谏。一次，群臣普遍升迁品位，而太祖平日对某人非常厌恶，故不予升迁，赵普坚决为之请命，太祖生气地说："我决不为之升迁，你又能如何？" 赵普用上述话语答之，向太祖阐明法律制度应公正无私，即使拥有帝王之尊也必须遵从。太祖怒气大发，霍地站了起来，赵普也随之站了起来，太祖拂袖入官而去，赵普立于宫门久久不去，所幸太祖最后抛弃了个人的恩怨，以大局为重，答应了赵普的请求。赵普不顾自身安危诤谏太祖的精神，值得历代谏官效仿。

若一知其姓名，则终身不能忘，不若毋知之为愈也。

【注释】

选自《宋史·吕蒙正传》。

【译文】

如果知道了他的姓名，则终身不能忘记，还不如不知道的为好。

【赏析】

吕蒙正性格敦厚朴实，为人正直讲信，和朋友们的关系都很好。他刚任参政知事时，有一次进入朝堂，有一个官员在朝堂帘内指着他说："这小子也当上参知政事了？"吕蒙正假作未闻而去，但跟他在一起的人却为之不平，一定要问问说这话的人是谁，吕蒙正赶忙制止说："若一知其姓名，则终身不能忘，不若毋知之为愈也。"他的这种做法杜绝了结成仇人的可能，表现了他不拘于个人的狭隘情绪，而能以天下为己任思想，时人皆佩服他的气量。

佞言似忠，奸言似信。

【注释】

选自《宋史·李沆传》。佞：用巧言奉承人，奸伪。忠：忠于君主。奸：邪恶。信：诚实。

【译文】

巧言奉承的话听起来很忠诚，邪恶的话听起来很可信。

【赏析】

溢美之词、迎逢之话都是佞言，听过除了能使心、耳受用之外，再无别的好处。邪恶之人可以口蜜腹剑，好话说尽，在人前装成是天下第一好人，有时还装成捍卫真理的卫道士，甚至装出杀身成仁的君子，所以奸言听上去很可信。因此我们要特别警惕那些佞言、奸言，听其言，观其行，多思审辨，才能得出真伪。

小人巧言令色，先意希旨。

【注释】

选自《宋史·王禹偁传》。巧言：虚伪的好话。令色：讨好别人的表情。先意：预先揣测人意。希旨：迎合在上者。

【译文】

小人用虚伪的话讨好、揣测君主或上级，以博取欢心。

【赏析】

察言观色，再巧言令色蛊惑君心，这通常是奸佞小人的做法，他们只会投君主之所好，一味奉承，其目的只是为了满足自己的一己私利，丧失了自己的人格，这种“奴相”也为儒家所摒弃。儒家崇尚质朴，反对花言巧语，主张说话应谨慎小心，说到做到，先做后说；反对说话办事随心所欲，只说不做，停留在口头上；注重人的实际行动，特别强调人应当言行一致，力戒空谈浮言，心口不一。儒家的这种踏实态度和质朴精神长期以来已形成了中华传统文化思想的精华，影响着一代代的中国人。

惟俭可以助廉，惟恕可以成德。

【注释】

选自《宋史·范纯仁传》。廉：清廉。恕：原谅，宽恕。

【译文】

只有节俭可以使人廉洁奉公，只有宽容可以使人养成好的品德。

【赏析】

节俭和宽容是中华民族的传统美德。节俭是持家富国的前提条件，同时也可以抑制贪官的奢侈欲望；宽容可以使人豁达大度，心胸开阔。宽于待人，使人养成好的品德，它既是文明的标志，也是对文明的检验。

发号施令，在乎必行；赏德罚罪，在乎不滥。

【注释】

选自《宋史·包拯传》。号：号令。施：发布。在乎：在于。滥：过度。

【译文】

发布命令，关键在于一定要执行；奖赏善行，惩罚犯罪，在于不要过度。

【赏析】

“没有规矩，不成方圆。”所以家有家规，国有国法。一个国家必须得有法律，这样才能使人们按照法律的规定和要求行事，同时还要有法必依，违法必究，赏罚分明，维护法律的权威、公平和公正。我国自春秋以来就有了成文的法典，秦以后加强了法治，虽然在专制制度下不可能有真正的法治，但历史上也出现过很多“王子犯法与庶民同罪”的案例，体现了法律面前人人平等的思想。

得人之道，在于知人；知人之法，在于责实。

【注释】

选自《宋史·苏轼传》。责：要求。

【译文】

得人的关键，在于宰相知人；知人的方法，在于朝廷要务实。

【赏析】

苏轼和王安石虽然是好朋友，但政见却不和。王安石欲废除科举、兴办学校却遭到了苏轼的反对，苏轼认为："得人之道，在于知人；知人之法，在于责实。"不在于实行科举或兴办学校；学校与科举相比较，科举好处更多，况且新建学校必然带来混乱，现行科举之弊在于学者侈谈性命而不务实，并不在于科举制度本身。苏轼看问题一针见血，他的务实精神也值得大家学习。

积累之要，在专与勤。

【注释】

选自《宋史·王岩叟传》。

【译文】

学习须日积月累，要点在于专心与勤奋。

【赏析】

王岩叟问宋哲宗退朝时以什么为消遣？宋哲宗说看书。王岩叟就劝哲宗读书是好事，但要持之以恒，才能有所成就。这也告诉我们学习要靠积累，它是渐进的，急不得，躁不得，学的时间长了，知识就积累得多了，在积累的过程中更要注意专心与勤奋。

开诚心以布公道。

【注释】

选自《宋史·洪咨夔传》。开诚：敞开胸怀，揭示诚意。布：宣布，宣告。公道：公正的道理。

【译文】

诚心诚意地提出公正的见解。

【赏析】

成语“开诚布公”来源于此。此句形容发表或交换意见谈出自己的看法时态度诚恳，真诚坦率。真诚坦率是为人处世的基本道德品质，真诚的人是最值得信赖的，他可以得到人们的信任和器重，也可以给人以力量。他任何时候都说真话，不掩盖事实真相，能做到实事求是，公正无私。在“以人为本”的中华传统文化中很是强调这一点，因而中国古人就特别鄙视虚伪和狡诈，特别讲究率直、诚实。

文臣不爱钱，武臣不惜死。

【注释】

选自《宋史·岳飞传》。惜：恐，怕。

【译文】

文臣不爱钱，武臣不怕死。

【赏析】

这是宋代爱国将领岳飞说过的一句名言。当初皇上想为他营造宅第，岳飞义正词严地说：“敌未灭，何以为家？”有人问天下何时才能太平，岳飞回答说：“文臣不爱钱，武臣不怕死，天下太平矣。”也就是说朝廷的官吏们不贪图私利，清正廉洁，以国家利益为重，而战场上的将士们英勇善战，不惜牺牲自己的生命保卫自己的国家，那么天下就会太平了。

人生自古谁无死，留取丹心照汗青。

【注释】

选自《宋史·文天祥传》。丹心：赤诚的心。汗青：史册。

【译文】

人终归没有不死去的，重要的是以赤诚之心报效祖国，青史留名。

【赏析】

文天祥兵败被俘后，在被押解北上的途中，船过零丁洋，他深感国破家亡，触景伤情，于是写下了《过零丁洋》诗，其末两句为“人生自古谁无死，留取丹心照汗青”。悲壮激昂，这是身陷敌手的诗人对自身命运的一种毫不犹豫的选择，他将个人命运与国家命运联系在一起，从而表达了自己赤诚的爱国情怀和视死如归的崇高精神。这两句诗既是诗人人格魅力的体现，也表现了中华民族的独特的精神美，其感人之处远远超过了语言文字的范围。这两句诗文脍炙人口，流传千古，激励了无数的爱国之士为了民族大业而抛头颅、洒热血。

义胜者谋立，人众者功济，如此则社稷犹可保也。

【注释】

选自《宋史·文天祥传》。义：合理的主张和思想。胜：超过，胜过。谋：图谋。立：成立，存在。功：事情。济：成功。社稷：国家。保：安定。

【译文】

合理的主张占上风就采用，人多事情就好办，像这样国家就能安定。

【赏析】

文天祥自幼酷爱读书，少年时即有报国之志，后来入朝做官后即上疏切陈时弊，力主抗击蒙古军队，其忧国忧民思想可见一斑。历朝历代，有多少像文天祥这样的仁人志士如天上的繁星数也数不清，他们怀着对祖国的忠诚和热爱，以国家民族的利益为己任，前仆后继，保国为民，正是有了他们的存在，我们的民族虽历经劫难但每次都能重新振兴。

孔曰成仁，孟曰取义，惟其义尽，所以仁至。读圣贤书，所学何事，而今而后，庶几无愧。

【注释】

选自《宋史·文天祥传》。庶几：将近，差不多。

【译文】

孔子说成就仁义，孟子说取其正义，只要尽到自己的义务，就达到仁的地步了。读了古代圣贤的书，学到了一些东西，从今往后，差不多没有什么愧疚了。

【赏析】

读孔孟之道的士人每当生死关头往往舍生取义，这样的例子不胜枚举。文天祥即是一例，他就义前曾在衣带上写下了上述话语，就是把为民族家国牺牲个人生命当成了仁的最高境界，“志士仁人，无求生以害仁，有杀身以成仁。”这样的“爱人”已不是“亲情”的自然流露，而是对社会全体生存而负责的意识了。孔子将宗族生命共同体的要求上升到理论的高度，千百年来，孔子的这一思想已经形成了中国知识分子的高尚情操。

《辽史》名句

军国之务，爱民为本。民富则兵足，兵足则国强。

【注释】

选自《辽史·食货志》。务：事，事情。

【译文】

军国的事情，其根本是爱护百姓，百姓富裕了兵力就充足，兵力充足，国家就强大。

【赏析】

中国是一个多民族国家，自古以来国内民族战争此起彼伏，连绵不断，造成了很多出人预料的客观效果。以契丹这个民族来说，其发展、强盛与掠夺战争相始终。但是，随着契丹内部封建关系的发展，统治集团中对奴隶制的掠夺方式提出了批评，并转而重视农业，重视民心，反对掠夺。正如《辽史·食货志》记载的那样，辽太祖平定诸弟之乱，“弭兵轻赋，专意务农”。一次，他宴请众臣，问到军国要务，左右都回答说：“军国之务，爱民为本。民富则兵足，兵足则国强。”可见不仅像太祖阿保机这样的统治者深谙“爱民为本”的道理，而且不少官僚也有同样的思想主张，这反映出当奴隶制进步到封建制以后，不管是君主还是大臣都能认识到爱民对巩固集权统治的重要性。

求人之失，虽小而可恕，谓重如泰山；身行不义，虽入大恶，谓轻于鸿毛。

【注释】

选自《辽史·太祖上》。求：要求。恕：原谅。鸿毛：大雁的毛。

【译文】

寻找别人的过错，即使小得可以原谅，也认为比泰山还重。自己行不义之事，即使大恶不赦，却认为比鸿毛还轻。

【赏析】

耶律阿保机是辽代英明有为的第一位君主，他平定诸弟之乱后对左右的人说了上述一番话，认为这群小人图谋作乱，危害国家，只能是自取灭亡。其实这番话对现代人来说，同样具有现实意义。我们做人做事不能片面地只看他人之短，要严以律己，待人宜宽，他人有了过失，总要原谅宽恕，不应当严厉责备；但自己有了过错，一定要严加改正，不可以托词原谅自己，只有这样才能成为明理、有为之人。

国强则其人贤，海巨则其鱼大。

【注释】

选自《辽史·耶律图鲁窘传》。

【译文】

国家强盛，他的臣民就贤良，海洋辽阔，它的鱼也肥大。

【赏析】

这是辽太宗称赞耶律图鲁窘英勇有谋略的话。一次耶律图鲁窘随太宗伐后晋，遭到杜重威的十万兵力拼死抵抗，苦战数日，毫无进展。于是诸将请求太宗延缓用兵。耶律图鲁窘正严厉色道："如果半途而止，恰恰对敌人有利，则必然攻陷南京，削平我属邑。这样一来，战争则无休无止，百姓也没有安宁之日。敌人步行而我军骑马，何愁不能取胜。况且汉人脚力弱而行动迟缓，如果挑选轻锐骑兵先截断他们的粮道，则事情没有不成功的。"最后果如耶律图鲁窘所言。因此耶律图鲁窘立下战功，得到很多赏赐。

【岁华纪胜图】册 局部 ［明］吴彬 中国台北故宫博物院藏 56－6

【农作纪胜图】册 局部 [明] 吴彬 中国台北故宫博物院藏 56-6

善谏者不谏于已然。盖必先得于心术之微，如察脉者，先其病而治之，则易为功。

【注释】

选自《辽史·列传第八》。谏：规劝。心术：心计，计谋。微：精深奥妙。

【译文】

善于规劝的人不去规劝那些已经成为事实的人或事，在这之前要先看看其心计的奥妙之处，就像医生看病诊脉一样，在生病之前就治疗，那么容易成功。

【赏析】

明君出贤臣，那些敢于进谏的姜太公、张良、魏徵等名臣，正是得遇周文王、刘邦、唐太宗才成就其美名。直言劝谏是正直之人的一种品性，一直被人所推崇。《辽史》认为辽穆宗酗酒嗜杀成性，并不是一日养成的恶习，如果群臣能及早犯颜直谏，使辽穆宗能够及时发现错误，及时改正，或许不会造成后来的暴政。

识者以谓合住一言，贤于数十万兵。

【注释】

选自《辽史·耶律合住传》。识者：有见识的人。

【译文】

有见识的人说合住的一句话，就能胜过十万军队。

【赏析】

耶律合住是辽代的名将，曾官至左金吾卫大将军。他通晓军事，机智有才，极受辽景帝宠爱。他在驻守边防时，并不妄自生事以邀功，而是务求边境稳定，百姓安定。他镇守范阳时，曾亲自率领数骑到北周境内，与周郡守谈判，慷慨陈词，说明两国交战的利害关系，遣责北周的无理侵犯，从此两国边境相安无事。因为耶律合住说的话符合百姓的心意，所以得到了百姓的拥护，因而说他的话胜于百万雄师。

禽兽有哀乐之声，蝼蚁有动静之行，在物犹然，况于人乎？然贤达哀乐，不在穷通祸福之间。

【注释】

选自《辽史·耶律孟简传》

【译文】

禽兽有哀声，有乐声，蝼蚁有行动，有静止，动物尚且如此，何况是人呢？然而贤达之士的哀乐之情，不在穷通、祸福之间。

【赏析】

这几句是耶律孟简为自己《放怀诗》写的序。他虽被流放，但并不表现在辞色上，并对山林泉水终日留连。后听说皇太子被害，不胜悲痛，借诗寄托哀伤，写了《放怀诗》二十首。表达自己知命而乐，随遇而安的情怀。中国古代知识分子受儒、道思想影响很大，表现在对待人生的问题上，一方面是积极入世，实现理想抱负；另一方面真心出世，品味林泉真趣。两相矛盾的东西统一为一个整体，这样可以保持几分山林雅趣，缓和过分热衷名利的紧张。一个人只要能做到隐居山林间隐士们的高风亮节，就能体会出孔子所说的：“富贵于我如浮云”，也才能领悟到生活在林泉之下的哲理。不过他们不管是真退隐还是假出世，都依然不能摆脱心中的那份对家国的牵挂，正所谓：“志在林泉，胸怀廊庙。”他们的内心永远都是矛盾的。

《金史》名句

躬节俭，崇孝弟，信赏罚，重农桑。

【注释】

选自《金史·世宗纪》。躬：自身，亲自。

【译文】

自身节俭，崇尚孝悌，信奉赏罚，重视农桑。

【赏析】

金世宗继位后，实行了一系列的改革措施，他放还了南征军，整顿了农业生产，酌情减免租赋和杂税。这些措施的实行，使中原遭到破坏的农业生产迅速恢复到辽宋时期的水平。因此史书赞世宗“躬节俭，崇孝弟，信赏罚，重农桑”，“上下相安，家给人足，仓廪有余”，虽然这些话都是对世宗的溢美之辞，但是确实从侧面反映出了农业生产的恢复，社会财富的聚增。

卿虽有才，然用多诈，朕左右须忠实人，故命补外。

【注释】

选自《金史·世宗上》。

【译文】

你虽然有才干，可是却用心险恶，我身边需要忠实的人，所以让你到外地去做官。

【赏析】

德才兼备一向是中国历代明君选拔人才的首要标准。号称小尧舜的金世宗完彦雍对选拔人才看法独到，可谓知人善任。他的这种做法对我们也很有启发，任何为政者都应该重视人才，选拔人才，这是我们应该坚持的原则，然而选用什么样的人才是尤其值得重视的关键问题。最好俱备德才兼备的品格，如果二者必须选一个的话，那也应该把品德列为第一位，因为没有良好的品德修养，何谓为国、为民做奉献？

朝廷行事苟不自正，何以正天下？

【注释】

选自《金史·世宗上》。苟：如果。正：端正。

【译文】

朝廷里的人自己行事都不正，怎么要求天下的人行为端正呢？

【赏析】

金世宗可谓金代的一代名君，他看问题十分透彻。一次，尚书省报告说汾阳军节度副使牛信昌生日接受馈献，依法应当撤职。金世宗并没有完全接受这个建议，因为他认为居上位的大官，多贪污腐化，生日节辰都接受很多馈献，还怎么去阻止居下位的小官贪污？现在不反省自己反而弹劾小官，己不正怎么正天下？于是一并把他们罢了官。由此可见，为官者要治理好国家，必须端正自己本身，严格要求自己。如果己正，管理国家就不会有什么困难；如果自己不端正，随心所欲，为所欲为，就不可能去端正别人，国家也无法治理。

僧、道以佛、老营利，故务在庄严闳侈，起人施利自多，所以为观美也。

【注释】

选自《金史·章宗二》。营利：谋求利润。务：务必。闳侈：宏大奢侈。起：拟定。施：施舍。

【译文】

僧道借佛与老子谋求一些利润，他们把寺、庙修建得那么宏伟壮丽，是为了得到更多的施舍。

【赏析】

在古代，宗教和人们的生活息息相关，但是不管何种宗教，其本质都是虚无缥缈的。儒家思想的可贵之处在于“穷则独善其身，达则兼济天下”等积极的人生观。道教道士们的符咒炼丹之术主要是为人们祛病长生，消灾求福。佛教徒的集资修庙、烧香拜佛是为人求财生子，祛病免灾。这些善男信女求神拜佛无不是为了满足现实生活中得不到的东西和欲望，因此就把大量钱财用于重建庙宇、重塑金身上，所以金章宗说，这就是寺庙比孔庙壮观的原因。

军务之速，动关机会。悉从中覆，则或稽缓。自今有当亟行者，先行后闻。

【注释】

选自《金史·宣宗中》。动：行动。关：涉及。覆：回复。稽缓：拖延。亟：急迫地。

【译文】

兵贵神速，行动涉及战机，如果都向朝廷禀报，就会贻误战机。从今以后如果有紧急行动，可以先行动后禀报。

【赏析】

战争势态瞬息万变，有时候根本不允许等待很长时间，所以只要是对国家和人民有益的命令，可以不拘泥于常法而一律接受。这与孙子“君命有所不受”的军事思想如出一辙。如果将领只知道一味地服从君主之命，甚至出征在外、相距千里，还要大事小事一一请示国君之后再行动，就难免会贻误战机，甚至带来灾祸。

《元史》名句

欲治身，先治心；欲责人，先责己。

【注释】

选自《元史·裕宗传》。

【译文】

要修身，应先从心灵做起；要想要求别人，首先要求自己。

【赏析】

做人的道理，适用于不同身份的所有人，此话虽是大臣劝谏裕宗皇帝的话，但对普通人来说也一样有用。因为品德的修养是人生的基础，要想事业有成，首先要有美好的心灵，培养高尚的品德。一个品行不端的人，很难在事业上有所成就，即使能荣耀一时，也终究会误国误民。己所不欲，勿施于人，这种推己及人的儒道，也是一个人修养品德的要诀。

恕人之过，责己之失，必须宽以待人，严以律己，要做到这一点，除了要有宽广的胸怀外，关键要常常“闭门思过，防患未然”，像曾子所说的“吾日三省吾身”。为人处世，贵在严己宽人，这样才能相处融洽，做好事情。

鸷鸟将击，必匿其形。

【注释】

选自《元史·阿剌兀思剔吉忽里传》。鸷鸟：一种凶猛的鸟。匿：隐藏。

【译文】

凶猛的鸟将要发起攻击的时候，必定要隐藏它的形迹。

【赏析】

元成宗时，边防安全，诸王将帅一致认为应停战撤兵，唯独赵王阔里吉思不以为然，就用“鸷鸟将击，必匿其形”来表明应严阵以待，后来果然不出赵王所料。这句话也告诉我们，任何事物的外在现象有真假之分，虽然客观事物大量的表现为真象，但假象在自然界特别是在社会生活中也是屡见不鲜的，其本质隐藏在事物的内部，常为一些假象所掩盖，因此要求我们不能只看事物的外表凭空地去想像事物的本质，不为外表所迷惑，不能使认识停留在表面现象上，而是要透过现象去认识事物的本质。

当言而不言，尔之责也；言而不听，我之咎也。

【注释】

选自《元史 · 脱脱传》。尔：你。责：责任。咎：过失，罪过。

【译文】

应当进言而不进言是你的责任，进言后不被采纳，是我的过失。

【赏析】

脱脱是元末一位有名的丞相，他非常有才干，为挽救元末的腐败做出了很大的贡献。他认为谋臣不劝谏是谋士的责任，当权者不听谏是当权者的过失。自古圣贤对此都有独到的见解，子贡曾向孔子打听如何侍奉君主，孔子回答他说：“不要欺骗君主，要敢于冒犯他。”汉代有汲黯，唐代有魏徵，都是敢于犯颜直谏的臣子。辅佐君主的大臣，在君主有过失时不能直言并顺从他，这就是作为大臣的失责。大臣直言，君主能够采纳也表明君主从谏从流。

钱谷，民之膏血，多取则民困而国危，薄敛则民足而国安。

【注释】

选自《元史·拜住传》。膏血：指人的脂肪和血液，比喻用血汗换来的劳动成果。敛：收集，征收。

【译文】

钱币和粮谷，是百姓用血汗换来的劳动成果，多取则人民困苦而国家危急，少取则人民富足，国家安定。

【赏析】

元朝的拜住身居高位却非常体恤百姓，他劝谏皇帝要少征苛捐杂税，不要横征暴敛，以免激起民怨，国家不保。这也是历代当政者总结出来的至理名言，揭示了百姓和国家的相互依赖和相互依存的关系，它充分肯定了人民群众在历史发展过程中的重要作用。告诫我们从全心全意为人民服务的宗旨出发，把广大人民群众的利益放在首位，每项政策的制订都要符合人民的利益，只有树立这样的观点，我们的经济建设才能顺利进行。

治弓尚须用弓匠，为天下者岂可不用治天下匠耶。

【注释】

选自《元史·耶律楚材传》。匠：前“匠”指工匠，后“匠”指某种专业知识或技能造诣很深的人。为：治，治理。

【译文】

造弓箭尚且必须使用制造弓箭的工匠，那么治理天下怎么能够不重用治理天下的人才呢？

【赏析】

这句话是耶律楚材对那个善造弓箭经常自我夸耀看不起儒士们的工匠的反击之词。他说：“治弓尚须用弓匠，为天下者岂可不用治天下匠耶？”这就说明这样一个道理，只要是人才就有发挥他们作用的地方。治理国家需要各种人才，只有充分认识到这一点，才能够在平时注意积累，从多个方面、多个技能培养、提高和充实人才，这样就能实现人才在社会生活中的价值。

明君用人，如大匠用材，随其巨细长短，以施规矩绳墨。

【注释】

选自《元史·刘秉忠传》。明：明智，贤明。大匠：技艺高超的木工。随：沿着，顺着。施：实施。规：画圆形的工具。矩：画方形的工具。绳墨：木匠用的墨线。

【译文】

明智的君主使用人才，就像技艺高超的木工使用木材那样，根据木材的粗细长短，用墨线画圆或方形来取材。

【赏析】

刘秉忠就皇帝如何使用人才如是说。意思就是根据各种人才能力高低，性情善恶来分配职务，从而使每个人都能各展所长，这也就是今天我们所说的“量才使用”，这是当政者用人的基本原则。只要是人才，都会有优势和不足，应该充分发挥他们的长处，使他们各尽所能，最大限度地发挥作用。

聚如丘山，散如风雨，迅如雷电，捷如鹰鹘。

【注释】

选自《元史·郝经传》。鹘：一种鹰类猛禽。

【译文】

聚集在一起的时候如同山丘一样不可震撼，分散的时候又如风雨一样无所不在，行动迅速时可以像闪电一样快速，动作矫捷时可以像鹰鹘一样凶猛。

【赏析】

元宪宗征伐蜀地时，动用了百万官兵，天下为此震动。郝经则认为这不是取胜之道，用兵不在于多，用兵贵在“奇”字，出奇才能制胜，道出了军事斗争的一个最本质的特征。这不仅是中国古代用兵作战的方式之一，甚至世界战术史上都有所论述。可见这一军事谋略在军事思想史上占有何等重要的位置。

所玩者小，所系者大；所乐者浅，所患者深。

【注释】

选自《元史·张养浩传》。系：牵扯，关联。

【译文】

玩耍是小事，但带来的祸患是大事；它带来的欢乐瞬息即逝，但留下的祸患却很深。

【赏析】

这是张养浩劝谏元英宗崇尚节俭的故事。元英宗打算在元宵节张灯叠筑鳌山，张养浩即上疏给丞相拜住。拜住用袖子揣着他的疏书入谏英宗，大意是：世祖在位三十多年，每逢元宵节，乡里之间的灯火也禁止，何况严密深邃的宫廷。现在要叠筑灯山，臣认为“所玩者小，所系者大；所乐者浅，所患者深”。乞请皇帝以崇尚节俭做长远打算为法则，以欢喜奢侈一时之乐为诫。皇帝开始非常生气，看过疏书之后转而为喜，说：“这话，除了张希孟，无人敢说。”即打消了叠筑鳌山的想法。

足于学而不求知，丰于功而不自炫。

【注释】

选自《元史·刘敏中传》。足：充足，足够。丰：大。炫：夸耀。

【译文】

学识渊博却不求别人知道，功劳伟大却不自我炫耀。

【赏析】

古代凡有道德修养的人虽然学识渊博，但却不求别人知道，即使成就了丰功伟业，也不到处炫耀，沾沾自喜。元代的刘敏中也是这样一个人，他认为做学问应有“足于学而不求知”的态度，扎扎实实地学习知识，充实自己，而不是将其作为向人夸耀的资本。做出成绩应“不自炫”，继续努力，这是我们对待成绩应有的态度。

前车已覆，后当改辙。

【注释】

选自《元史·相威传》。辙：车轮在路面上压的痕迹。

【译文】

前面的车翻了，后面的车就应该改变方向。

【赏析】

这是元世祖的御史大夫相威上书劝谏忽必烈不要再次征伐日本的话。他认为倭国本来应该征讨，但前次已经失败，此后应当改变做法。他提出要预修战舰，使民富国强，然后再出其不意，一举成功。相威正是以这种委婉聪明的比喻使元世祖放弃了再次冒险。这也说明了这样一个道理，“前车之鉴，后车之师。”做任何事情都应该注意吸取经验和教训。

居官当廉正自守，毋黩货以丧身败家。

【注释】

选自《元史·刘斌传》。居：当，任。黩货：贪财。

【译文】

当官的人应该廉洁公正，坚持自己的操守，不要因为贪财而丧身败家。

【赏析】

这是刘斌临终的遗言。他要求子孙要坚持操守，廉洁奉公，不要因财而毁灭自己。刘斌本身为官多年，虽然没有给家人留下什么丰厚的财物，但他却留下了一个清廉自守的崇高品质。这句话以其深刻的哲理而引人深思。人的欲望是一个客观存在，刻意去压抑是和社会进步不相符的，但是过分地去贪图财物就容易迷失本性，不加限制就会坠入欲念深渊。所以，从小就应该注重对品格德行的培养，才能造就高尚的精神境界。

譬之医者，虽熟于方论，而不能切脉用药，则于病痛奚益哉。

【注释】

选自《元史·奕赫抵雅尔丁传》。譬：比如，比方。奚：何。

【译文】

拿医生做比方，虽然对治病的理论很熟悉，但却不能切脉用药，那么对于解除病人的痛苦又有什么益处呢？

【赏析】

理论对实践具有指导意义，但某些条件下如果一味强调理论的指导性的话就变成了教条主义。元朝的奕赫抵雅尔丁就是一个办事灵活的人，他认为，处理案件，不能仅套用理论，要懂得随机应变，灵活处理，如不把理论运用到实践当中去是无用的，应该根据案件本身的实际情况来处理。

《新元史》名句

吾以贤为宝，琴瑟何用？

【注释】

选自《新元史·仁宗纪》。贤：有才能的人。

【译文】

我把有才能的人看作宝贝，琴瑟对我来说有什么用呢？

【赏析】

仁宗时，金州使者向皇帝进献琴瑟，仁宗说："吾以贤为宝，琴瑟何用？"他认为向他进献宝物不如向他举荐有才能的人。可见在古代，统治者都已认识到任用贤才的重要性，他们在人和物的关系取舍上，把人放在首位，切实认识到人才的重要性，这是明智之举。他们把人才作为一种无形的财富，重视人才，使用人才，切实发挥他们在治理国家中的重要作用。

《明史》名句

治天下者，正家为先；正家之道，始于谨夫妇。

【注释】

选自《明史·后妃列传》。正：整治，治理。

【译文】

治理天下的人，需先治理家庭，治家的关键首先是处理好夫妻关系。

【赏析】

洪武元年修撰《女诫》，朱元璋此时说的一句话。他认为国与家密切相关，治国需先治家，而治家之道，开始于夫妻之间。丈夫要按丈夫之道行事，妻子要按妻子之道行事，丈夫仁义，妻子顺从；长辈恩惠，晚辈谦恭，这样一家之道就正了。如果每家每户都能得到匡正，那么天下不就自然而然得到安定了吗？

朋友之言，有从有违；夫妇之言，婉顺易入。

【注释】

选自《明史·后妃列传》。

【译文】

朋友的话，有的听从，有的违背；夫妇之间说话，一般容易入耳。

【赏析】

这是明成祖朱棣的皇后徐氏召见命妇时说的话。她说："女子侍奉丈夫，何止是吃饭穿衣而已，一定要在政务上有所帮助。朋友之言，有从有违；夫妇之言，婉顺易入。我早晚侍奉皇上，只以百姓为念，你们要以此为勉。"她又根据《女宪》《女诫》选编成《内训》二十篇，又将古人的嘉言善行编辑成《劝善书》，颁行天下。徐氏这样做其实给后妃们做了一个表率，目的在于告诫后妃们除了要尽力侍奉皇上外，还要以国家百姓利益为重，在政务上要给皇帝以较大的帮助。

成远算者不恤近怨，任大事者不顾细谨。

【注释】

选自《明史·汤和传》。恤：担忧，忧虑。细谨：细节，琐事。

【译文】

有长远打算的人不应为眼前的一点怨言而担忧；做大事的人不必顾及一些细微琐事。

【赏析】

明初，倭寇经常骚扰沿海的居民，浙民深受其害。朱元璋虽然数次通使日本，但是没有什么功效。于是明政府便大力加强海防，筑城列寨，增置卫所，添造战船，加强戍兵，因而需大量征用劳力，征收财物，一定程度上给浙民生活造成困难，引起浙民不满，有人将这种报怨反映给汤和，汤和说：“成远算者不恤近怨，任大事者不顾细谨。”后来，当筑好防备以后，倭寇不再掠夺百姓时，浙民由怨恨转为感恩。这证明了汤和的远见卓识。

养心莫善于寡欲。

【注释】

选自《明史·宋濂传》。寡：减少。欲：欲望，欲念。

【译文】

修养身心没有比清心寡欲更好的办法了。

【赏析】

这是宋濂开给明太祖朱元璋的一剂药。当时太祖常患心神不宁之症，宋濂就说修养身心最好的办法就是清心寡欲，长期坚持，必能心清而心泰。清心寡欲也可以作为今天人们的一种养生之道。人生道路非常坎坷，身处逆境时，仍大志不变，不颓废，积极进取，淡泊名利，心胸豁达；春风得意时，也不去贪图过分的享乐和奢侈，保持一颗清静之心，知足常乐，才能生活得开心、幸福。

以礼义治心，则邪说不入；以学校治民，则祸乱不兴，刑罚非所先也。

【注释】

选自《明史·宋濂传》。

【译文】

用礼义修养身心，邪说就不会乘机而入；用教育教化百姓，祸乱就不会兴起。刑罚并不是重要的事。

【赏析】

宋濂向明太祖推荐《大学衍义》这本书，他认为这才是帝王最应该学习的书。为人之君，要"以礼义治心，则邪说不入；以学校治民，则祸乱不兴，刑罚非所先也"。在信奉儒家思想的宋濂看来，仁政、教化是最根本的治国思想，而刑罚只不过是一种辅助手段而已。如果像汉武帝一样醉心于医、人、星、相和荒诞不稽的学说，就会改变恭俭风气，致使民力衰蔽。

一衣虽微，污行辱身之渐。

【注释】

选自《明史·王溥传》。渐：逐渐发展。

【译文】

受人一件衣裳是小事，但玷污品行、玷辱身体，往往是从这些小事上逐渐发展起来的。

【赏析】

“勿以恶小而为之，勿以善小而不为。”“千里之堤，毁于蚁穴。”如果认为是小事情而不去防范，只注意大的地方不犯错误，小的地方错误重重，且认为小事不致妨碍大体，那就错了。尤其是处于穷困潦倒不得意的时候，仍旧不要丢掉奋发上进的雄心壮志。英雄未必都做大事，“一屋不扫，何以扫天下？”再大的事业，也是从小处做起的，正所谓：“千里之行，始于足下。”

居高位者易骄，处佚乐者易侈。

【注释】

选自《明史·陶安传》。佚：同“逸”，安逸。

【译文】

身居高位的人容易骄傲，处于安乐生活中的人容易奢侈。

【赏析】

“由俭入奢易，由奢入俭难。”明太祖朱元璋也与陶安等众大臣讨论过这个问题，也得到了相同的答案。古代君王给我们也敲响了警钟，取得一点成绩不能沾沾自喜，骄傲自大，否则它会成为前进道路上的绊脚石；处于安逸生活环境中也不可奢侈，而要时刻以节俭修身，始终保持清廉俭朴的节操。

高筑墙，广积粮，缓称王。

【注释】

选自《明史·朱升传》。

【译文】

筑起高大的城墙，广泛积聚粮食，延缓称王的时间。

【赏析】

这是朱升向朱元璋提出的一项斗争策略。他的这一建议是在朱元璋攻克徽州后提出来的，符合当时的客观形势。高筑墙，是要朱元璋巩固自己的管辖地区；广积粮，是要朱元璋准备好应付长期战争的物质条件；缓称王，是要朱元璋求实效，不图虚名，尽量不使自己成为众矢之的。这一斗争策略的用意是希望朱元璋要打好基础，不要好高骛远，这无疑是十分正确的，朱元璋完全采纳了这一建议，为他今后建立大明王朝奠定了坚实基础。所以，无论要做什么大事，都得从基础开始。

吴尚书乞归，拔稻苗布田。

【注释】

选自《明史·吴琳传》。

【译文】

吴尚书请求回家，拔着稻苗整理田地。

【赏析】

吴琳曾做过洪武年间的吏部尚书，年迈归家后开始务农。朝廷派使者去看望他，使者到了他的屋旁，见一农人坐在小凳子上“拔稻苗布田”，相貌端庄严谨。使者上前便问：“这里有个吴尚书，他在吗？”农人回答说：“我就是吴琳。”使者把见到的情况报告给朝廷，皇帝对此大加赞叹。吴琳虽有着荣华富贵，却不贪图享受，仍然辛勤地劳作，过着农人的俭仆生活，这样的人生态度值得人们赞赏。

天生才甚难，不忍以微瑕弃也。

【注释】

选自《明史·徐薄传》。微瑕：小缺点，小毛病。

【译文】

人才难得，不忍心因为一点小缺点就摒弃不用。

【赏析】

做什么事情都要把握住重点，不要丢了西瓜捡了芝麻，最后又后悔。在对待人才上，徐薄也是这样认为的。他认为人才很难得，即使犯有小小的过失，也应多加爱护，以免因小过而损贤才。为政者不仅要重视人才，还要给人才一个宽松、和谐的发展环境，对他们要宽容豁达，不能因小的过错而否认人才的整体作用，这样才能让他们各展所长，给国家贡献出自己的才华。

君子立身，和而不同。

【注释】

选自《明史·余懋学传》。立：修立。身：自身的品德、才力、行为等。和：和谐，和睦。同：相同。

【译文】

君子修行自身品德在于和而不同。

【赏析】

这是一种朴素的辩证法思想。一方面客观事物是千差万别，丰富多样的，这就是“不同”；另一方面要在矛盾和差异的基础上，通过适当调节来实现和谐的境界，这就是“和”。“和而不同”就是君子修身所要达到的目标。

罪己不如正己，格事不如格心。

【注释】

选自《明史·张养蒙传》。罪：怪罪，归罪于。正：纠正。格：正，纠正。

【译文】

怪罪自己不如纠正自己的错误，纠正错误的事情不如纠正错误的思想。

【赏析】

明神宗荒淫腐败，朝政松弛，大臣张养蒙极力劝谏，希望神宗皇帝能从根本上改正错误，端正行为，重振朝纲。这对我们也是一个启示，人犯了错误不仅要承认错误，重要的是要及时地改正错误，而且还不能就事论事，文过饰非，要从思想深处探究产生错误的原因，从根本上解决问题，以防今后重犯。

宠极则骄，恩多成怨。

【注释】

选自《明史·杨涟传》。

【译文】

过分宠幸使人骄横，施恩过多会生出怨恨之心。

【赏析】

这是杨涟等人弹劾魏忠贤的话。明熹宗时，宠幸乳母客氏，客氏与魏忠贤勾搭成奸，专权国事，搞得社会一片乌烟瘴气。当时朝中一些忠诚直言之士如杨涟、左光斗、赵南星等人与其展开激烈斗争，上书弹劾魏忠贤，列其二十四条罪状，认为魏忠贤如此嚣张猖獗，主要原因是皇帝对他过分宠幸，施恩过多。如果这样下去定会变生不测，祸起萧墙。以后的事实也验证了这一点。古代的哲学主张中庸之道，因为无论何时何事达到绝顶的时候，很快就会向下坡走，过犹不及，说的就是这个道理。

经典国学口袋书

01 周易
02 道德经
03 庄子
04 论语
05 孟子
06 大学·中庸
07 孙子兵法
08 三十六计
09 百战奇略
10 六韬·三略
11 山海经
12 左传
13 战国策
14 史记·本纪
15 史记·世家
16 史记·列传
17 汉书
18 后汉书
19 三国志
20 吕氏春秋
21 资治通鉴
22 中国通史
23 中华上下五千年
24 贞观政要
25 中国古代文化常识
26 中国古代名言警句
27 徐霞客游记
28 容斋随笔
29 金刚经
30 忍经·劝忍百箴
31 忠经·孝经
32 智囊
33 梦溪笔谈
34 本草纲目
35 黄帝内经
36 菜根谭
37 小窗幽记
38 颜氏家训
39 围炉夜话
40 曾国藩家书
41 诗经
42 楚辞
43 古诗
44 唐诗三百首
45 宋词三百首
46 元曲三百首
47 千家诗
48 豪放词
49 婉约词
50 世说新语
51 笑林广记
52 古文观止
53 唐宋八大家散文
54 诸子百家名句赏析
55 四书五经名句赏析
56 二十五史名句赏析
57 古代散文名句赏析
58 古代诗词名句赏析
59 红楼梦诗词名句赏析
60 阅微草堂笔记
61 闲情偶寄
62 三字经·百家姓
63 幼学琼林
64 声律启蒙·弟子规
65 千字文·增广贤文
66 对联
67 俗语
68 谚语
69 歇后语
70 格言联璧
71 中华寓言故事
72 中华典故故事
73 中华成语故事
74 中国十大喜剧故事
75 中国十大悲剧故事
76 中国皇帝传
77 中国皇后传
78 中国宰相传
79 中国将帅传
80 白话聊斋

三秦出版社

地处周秦汉唐千年古都西安的三秦出版社，建社30多年来始终以弘扬和传播优秀传统文化为己任，依托三秦大地无比丰厚的历史文化积淀，出版了大批特色鲜明、极具文化传承价值的精品图书，创造了良好的社会效益和经济效益。为顺应构建全民阅读时代、建设书香社会的需求，我社经充分调研策划，从浩如烟海的国学宝库中精心遴选，编辑出版了“中华经典国学口袋书”系列丛书，包含经史子集、诗词曲赋、笔记信札、经典名句等80部精品佳作，内容精粹，外观精美，便于携带，定会为您居家出行增添颇多书香雅趣。

56-7 【岁华纪胜图】册 局部 [明] 吴彬 中国台北故宫博物院藏

56-7　【岁华纪胜图】册 局部［明］吴彬　中国台北故宫博物院藏

以统治者都把如何拥有更多的粮食当成拥有天下的先决条件。晁错因此上书文帝，提出重农贵粟的建议，提醒皇帝要让老百姓务必从事农桑，政府要少收赋税，广积粮食，使粮仓装得满满的，随时防备水旱灾害，只有这样做才能得到并拥有自己的人民。如果统治者只想到一己之安乐而不顾百姓之死活，官逼民反，说不定哪天就把他推上了断头台。

先发制人，后发制于人。

【注释】

选自《汉书·陈胜项籍传》。发：开始行动。制：制服。于：被。

【译文】

先出击就能制服敌人，随后应战只会被控制。

【赏析】

公元前209年，陈胜、吴广拉开了秦末农民起义的序幕，之后全国各地纷纷揭竿而起。项梁看到了亡秦的大势，于是同项羽密谋起义，他先发制人，主动出击，抢先杀掉了会稽郡的太守，收纳了吴中的士兵，从而开始了轰轰烈烈的起义活动。由此可以看出，先出击的往往能够处于主动地位，可以控制对方，否则只会被动挨打。这也说明采取了主动权之后，做什么事情都比较从容而不被动。

力拔山兮气盖世。时不利兮骓不逝。骓不逝兮可奈何！虞兮虞兮奈若何！

【注释】

选自《汉书·陈胜项籍传》。盖世：胜过世上任何人。骓：青白杂色的马。虞：项羽的宠姬。

【译文】

我推倒大山的力气胜过世上任何人，然而形势于我不利，虽乘乌骓骏马也无法突破重围，乌骓马你跑不出去，我有什么办法呢？虞姬啊虞姬啊！我又如何安排你呀！

【赏析】

这首慷慨悲凉的《垓下歌》唱于项羽被围垓下之时，表达出了英雄末路的悲凉与无可奈何的心情。背景是项羽被刘邦围困垓下，夜里听到汉军唱楚歌，以为楚地都被汉军夺得，故帐中饮酒，遂唱此歌。宋代朱熹曾说此歌“慷慨激烈，有千载不平之余愤。”的确是中肯之说。

狡兔死，良狗亨。

【注释】

选自《汉书·韩彭英卢吴传》。亨：同“烹”。

【译文】

狡猾的兔子死了，好狗也就被主人杀掉煮熟吃。

【赏析】

历朝历代的开国君主在如何对待他们的立下汗马功劳的开国功臣时，几乎都很默契，都是这样做的。他们认为功臣的日益壮大，威胁到了自己的地位，所以一定得除之而后快。韩信势力的壮大，威胁着刘邦的霸业，于是刘邦借人弹劾韩信谋反而逮捕了他。韩信被拘捕时说：“狡兔死，良狗亨，飞鸟尽，良弓藏，敌国破，谋臣亡。天下已定，我固当烹！”这确实是封建社会中统治阶级内部关系的一般规律，所谓“功高震主者危”，夺取政权后的最高统治者必定设法诛锄功臣或权大于己的大臣，这应是一般规律。至于借口，则“欲加之罪，何患无辞。”诛杀功臣虽然枉死了很多无辜的人，但是若从历史发展的角度来看对中央集权的巩固则是有利的。

人生一世间，如白驹过隙。

【注释】

选自《汉书·魏豹田儋韩王信传》。驹：骏马。隙：空隙。

【译文】

人的一生，如飞奔的白马经过一条缝隙，转瞬即逝。

【赏析】

此语用作劝人珍惜时间的金玉良言，则有积极意义。但因出自魏豹之口则有不同含义，对于他来说，人生如此短暂，过一天就要为自己的私利活一天，什么是非荣辱、人格道德、理想追求都无足轻重。这样的人生观虽然不可取，但时间观却很值得我们借鉴。逝者如斯，它一去不复返，还是现在好好珍惜，努力去成就一番事业吧！别等到白头时再空悲切。

忠言逆耳利于行，良药苦口利于病。

【注释】

选自《汉书·张陈王周传》。忠：忠诚。逆耳：不顺耳，不中听。行：做，办。苦口：引起苦的味觉。

【译文】

诚恳的劝告听起来不顺耳，却有利于立身行事；好的中药虽苦却有利于治疗疾病。

【赏析】

人们一向喜欢听好话、听奉承的话，听过之后也不会想想是否真的就像别人说的一样。但是也有一些人对待朋友很真诚，当朋友有了错误时一定会加以劝诫，可能话会说得不好听，但确实是为我们好。当听见逆耳的忠言绝不可气恼，否则无形中会消磨自己发奋上进的精神，沉湎于自我陶醉的深渊中，那就等于自浸于毒酒中而毁掉自己的前程。所以，一个人要有所作为，必须先要敢于磨练自己的品格，善于听取不同意见，耳中经常听不爱听的话。反之，假如每句话都很好听，每件事都很称心，那就等于把自己的一生葬送在毒酒中了。

礼者禁于将然之前，而法者禁于已然之后。

【注释】

选自《汉书·贾谊传》。

【译文】

实行礼治是在事情没有发生之前就将它禁止，而实行法治是在事情发生之后才去制止。

【赏析】

任何社会都有自己的法制原则，在古代也不例外。西汉的贾谊这两句对礼、法的议论很精辟，认为“礼”是防患于未然；“法”是严惩于已然。二者互为表里，共同来治国，任何一方都不可偏废。贾谊的主张说明西汉时期已将儒学引进到法学领域中来，儒学开始对法学的发展产生影响，并逐步付诸实践，其法律思想已不再完全重复先秦时期的法律思想，而是既有继承又有发展。正是在这种指导思想下，为适应统治形势的需要，汉武帝时期，进行了大规模的修律运动，从而使西汉的法制建设达到了当时的最高水平。

礼义廉耻，是谓四维，四维不张，国乃灭亡。

【注释】

选自《汉书 · 贾谊传》。

【译文】

礼、义、廉、耻，这是四项基本的准则，不遵守这四项准则，国家就会灭亡。

【赏析】

这是贾谊上书汉文帝的奏折中的话，他针对当时的社会问题，提出以礼义教化为主的治国理念。他认为建立君臣关系，区分上下尊卑，提倡父慈子孝，确定父、母、兄、弟、妻、子之间的规范，这些都不是天然生成的，而是人为规定的。凡是人为规定的一切，人不去扶植就不能确立起来，人不去支持就会倒塌下来，人不去维护就会遭到破坏。秦朝不讲礼义廉耻这四项准则，所以才导致君臣关系混乱，父母兄弟妻子遭殃被杀，乱世奸雄纷纷起来造反，全国人民都离心背叛，仅三十年，江山社稷就化为泡影。因此礼、义、廉、耻这四项准则的确立很必要。只有这些准则确立了，社会成员才能各司其职，社会秩序才会井然有序，国家才能太平。

少成若天性，习惯如自然。

【注释】

选自《汉书·贾谊传》。

【译文】

从小就养成的品行就像天生的一样，经常去做的事情就像自然会做的一样。

【赏析】

太子是未来的皇帝，故对太子的教育不可懈怠。贾谊是太子的老师之一，这句话就是他就如何培养太子的品行上书汉文帝的奏折。在这个问题上，贾谊引经据典，对照历史，强调治国应以礼义教化为主，提醒统治者重视培养接班人对延续王朝统治和对国家命运十分关键和重要。他提出这个问题的根本目的在于既治当世之安，又治未来之安，可谓用心良苦。在这个问题上也把儒家治世、育人的观点发挥得淋漓尽致。

言者不狂，而择者不明，国之大患，故于在此。

【注释】

选自《汉书·袁盎晁错传》。

【译文】

进言的人不敢纵情而无拘无束地想说什么就说什么，决策的人不能从进言中明辨是非、辨别良莠，这就是国家的极大灾难所在。

【赏析】

这是汉文帝写给晁错的奏折批示，晁错的奏折是言兵事的。汉文帝针对奏折引用《春秋》的“狂夫之言，而明主择焉”发了一通议论。指出言者不狂就不能震聋发聩，而择者不明就会流于人云亦云，这两者都是于国极为不利的，只有言者狂之而择者明之，才能知无不言，言无不尽，并使决策者能从中鉴别良莠，选择出解决问题的最佳方案。晁错以此向汉文帝说明进谏的人往往没有纳谏的人重要，进谏者可以是贤良，也可以是狂夫，但纳谏者则必须明辨是非，心胸宽广，汉文帝确实做到了这一点，不愧为一代明主。

画地为狱，议不入；刻木为吏，期不对。

【注释】

选自《汉书·贾邹枚路传》。议：商量，考虑。期：希望。对：对面，照面。

【译文】

在地上画出一个监狱，人们就会考虑不要进入那片地方；用木头刻出一个狱吏，人们就会希望不要与他照面。

【赏析】

这两句话是痛恨掌管刑狱的官吏的言辞，也是路温舒为了向汉宣帝阐释自己政治主张的谏书中的话，他认为只有尚德缓刑才能缓和老百姓的愤思情绪。所以国家的祸患，没有比刑狱更厉害的了；败坏法纪，扰乱政事，使皇帝失去人心，言路闭塞，没有比掌管刑狱的官吏干的事更严重的了。

临渊羡鱼，不如退而结网。

【注释】

选自《汉书·董仲舒传》。临：面对，渊：深潭。羡：希望得到。

【译文】

站在深潭边希望得到里面的鱼，还不如回家去结网。

【赏析】

空想是虚无，是乌托邦，终日而思也不如片刻行动。因为许诺再多的愿望，也不如一个行动，即心动不如行动，有了行动，才是迈向成功的第一步。从另一角度还说明，人应该勤奋，要有实干精神，对任何事情都要勤勤恳恳，不好高骛远，不幻想，从小事做起，只要付出了努力，最终会获得成功。

屈节辱命，虽生，何面目以归汉！

【注释】

选自《汉书·李广苏建传》。

【译文】

如果屈节辱命，即使活着，又有什么面目回到汉朝廷。

【赏析】

汉武帝的大臣苏武，出使匈奴被扣，匈奴以李陵等诱降，这句话就是苏武正气浩然的回答。后来匈奴单于将苏武迁至北海无人处牧羊，历尽艰辛，被扣19年才得以归还。出使时尚是壮年的苏武，回来时“须发尽白”。苏武出使匈奴，坚贞不屈，在威胁利诱之下不辱使命，这种富贵不能淫，威武不能屈的气节，在历史的天空中闪耀夺目，他的精神，激励了一代又一代的爱国志士。

遗子黄金满籯，不如一经。

【注释】

选自《汉书·韦贤传》。

【译文】

给后代留下大量钱财，不如留下一部经书。

【赏析】

中国有句古话“富不过三代”。所以如果想让后世子孙永享富贵的话，留下再多的钱财意义也不大，不如给他们留下足以让其生存下来的技艺等。学技术就必须多读书，只有眼界开阔了，心智明了了，认准方向了，到社会上一搏，才不会让人失望。

《后汉书》名句

刑罚不中，则民无所措手足。

【注释】

选自《后汉书·光武帝纪上》。中：不偏不倚。

【译文】

如果刑罚不适合，那么人民就会手足无措。

【赏析】

只有赏罚分明，礼法得当，社会秩序才会稳定。光武帝刘秀刚建立东汉政权，乃下诏平冤狱，这几句就是诏书的内容。当然，由于封建法律是地主阶级镇压人民的工具，广大人民被压迫、被剥削的冤狱是永远无法昭雪的。但是刘秀采取的政策，产生的作用不仅为社会增加了一部分劳动力，更重要的是缓和了自西汉末年以来就愈来愈紧张的阶级矛盾，从而稳定了人民群众的思想，使他们能够安心生产，推动了社会生产力的向前发展。

天地之性人为贵。

【注释】

选自《后汉书·光武帝纪下》。性：事物固有的性质和特点。

【译文】

天地之间人是最为宝贵的。

【赏析】

人乃万物之灵长，理应得到最人性化的待遇，这在当今社会已能初步实现。但在两千多年前的西汉，草菅人命。到了东汉光武帝时，下诏规定：杀奴婢要治罪。刘秀在此提出“天地之性人为贵”的说法，反映了他将中国古代人文主义思想中积极的因素运用到统治中来，体现了他的人本主义思想。

宜如临深渊，如履薄冰，战战栗栗，日慎一日。

【注释】

选自《后汉书·光武帝纪上》。

【译文】

应该像面临着深渊和在薄冰上行走一样提心吊胆，害怕得发抖，一天比一天更加谨慎。

【赏析】

这句话是一道诏书，颁布于刘秀称帝后的第二年，目的是告诫为他登基立下汗马功劳的功臣们要时刻保持谨慎的态度。当时，大司马吴汉率军打了一个大胜仗，刘秀非常高兴，为了加快统一全国的步伐，就采取了这个在当时最能激励人心的措施。但刘秀在给功臣颁发封侯凭证时，并未忘记附上对他们的告诫令，提醒功臣们，饱暖思淫欲，夺天下易，守天下难，不要在安逸的环境里恣意放纵，不要忘了要防止受到法律的惩罚，鉴于各位将军劳苦功高，前程远大，但真要想把自己的功业无止境地代代相传的话，就应当抱着“如临深渊，如履薄冰，战战栗栗，日慎一日”的态度。这样不仅大为激发了部下建功立业的雄心壮志，而且巧妙地为再生的刘汉皇室树立起了一道道坚固的屏障，从而与西汉初年刘邦大封功臣为诸侯所带来的结果大不一样。“天道忌盈，人事惧满；月盈则亏，花开则谢。”这些虽然是出于天理循环，实际上也是处事的盈亏之道。事业达于一半时，一切皆是勃勃向上的状态，那时足以品味成功的喜悦；事业达于顶峰时，就要以“如临深渊，如履薄冰”的态度来待人接物，只有如此才能持盈保泰，永享幸福。

博学而笃志，切问而近思，仁在其中矣。

【注释】

选自《后汉书·肃宗孝章帝纪》。笃：忠实，保持不变。

【译文】

博学广闻又坚持自己的志向，深切了解自己未悟之事并随时思考自己能及之事，就达到了仁的境界。

【赏析】

这是汉章帝诏书中的一句话，目的在于与群儒“共正经义”。当时古文经学和今文经学起了矛盾冲突，相互攻诘，故章帝于建初四年下此诏书。诏书引用了《论语》，勉励今文经学家们不仅要坚持自己的主张，而且也要了解一些新东西，以增加今文经学的生命力。

车如流水，马似游龙。

【注释】

选自《后汉书·明德马皇后纪》。

【译文】

车辆像流动的水，马匹像行走的龙。

【赏析】

汉朝后期，外戚势力很大，马太后有一天看见马家子弟出行时“车如流水，马似游龙”的场面很奢豪，很是担忧，并告诫子弟要戒奢侈之风。现在，此语是形容街上车马来往、热闹繁华的景象。

物之兴衰，情之起伏，理有固然矣。

【注释】

选自《后汉书·光武郭皇后纪》。理：道理，规律。固：本，本来。

【译文】

世上的事物有兴衰，人的情感有起伏，自然规律本来就是这样的。

【赏析】

东汉光武帝刘秀的郭皇后虽一度尊宠无比，但失宠时却也自身难保。这是因为皇后之位虽然位极人臣，但仍是皇帝的赐予，皇帝可以随时改变。这句话用来启发人们居安思危，防患于未然，这虽然是一种生存的哲学，但对治国、治家和修身都具有借鉴意义。

舍近谋远者，劳而无功；舍远谋近者，逸而有终。

【注释】

选自《后汉书·臧宫传》。功：功效，成效。舍：放弃。谋：谋求，营求。劳：辛勤，劳苦。逸：闲适。终：终了，结尾。

【译文】

舍弃近的寻求远的，劳苦却没有成效；舍弃远的寻求近的，安逸却有结果。

【赏析】

这是刘秀对一些主战的大臣奏折的批语。建武二十八年，北匈奴发生严重的旱灾与蝗灾，草木皆尽，又加瘟疫流行，匈奴人大批死亡。有人就主张趁北匈奴饥疫频仍之际，遣军将其彻底消灭。但刘秀认为，东汉建国伊始，须休养生息，接受北匈奴的归附，会使南匈奴离心，与目前国情相符，而出兵讨伐则敌不可尽，不切实际，是舍本求末，徒劳无益的做法，遂不发兵。“舍近求远，劳而无功”就告诉人们在做任何事情前，一定要考虑周密，不要做一些华而不实或不切实际的事情，否则一定会付出惨重的代价。

疾风知劲草。

【注释】

选自《后汉书·王霸传》。疾：迅速。劲：坚强有力。

【译文】

只有经过猛烈大风的考验，才能知道什么样的草是强劲的。

【赏析】

“劲草”是东汉光武帝刘秀夸赞王霸忠诚的话。王霸投奔刘秀时，其部下几十人都愿意跟随，当刘秀渡黄河发展势力时，只留下王霸一人跟随了，刘秀深有感叹，就说了句：“疾风知劲草”，来赞扬王霸。由此看出，只有在危难时才能显示出人的意志是否坚定，关键时刻才能看出人是否经得起考验。

丈夫为志，穷当益坚，老当益壮。

【注释】

选自《后汉书·马援传》。益：更加。

【译文】

大丈夫立志，穷应该更加坚强，老应该更加雄壮。

【赏析】

这是马援的励志诗。当时马援带领宾客在陇汉之间游牧，条件异常艰苦，但他常用此诗来激励大家，认为大丈夫应该有远大的志向，穷更坚毅，老更强壮。宁知白首之心，不坠青云之志。所以，任何人立志都要不畏艰难和困苦，贫穷不能丧志，不能听任于命运的摆布。要有理想，有志气，有奋斗目标。老并不可怕，只要人心不老，则会更加强健，这是我们做人应具有的品质。

男儿要当死于边野，以马革裹尸还葬耳。

【注释】

选自《后汉书·马援传》。边野：边疆。

【译文】

好男儿应该死于保卫边疆的沙场，用马革裹尸还葬故土。

【赏析】

马援因平定交阯有功而受到刘秀的重赏和礼遇。马援深感功德浅薄而位高俸厚，愿再立新功，主动要求带兵出征匈奴，临行时对好友说了这句豪迈之语。这不仅表现了马援强烈的爱国精神，而且也显示了他当时壮志凌云、豪情满怀的心境。所以，爱国不是纸上谈兵，它需要切切实实地行动，这种强烈的爱国情感，只有化为实际行动时，才能显示出感人的力量。

贫贱之知不可忘，糟糠之妻不下堂。

【注释】

选自《后汉书·宋弘传》。糟糠：酒糟和谷皮，比喻粗劣食物。堂：前室，正厅。

【译文】

在贫贱时结交的朋友不能忘掉，同甘苦、共患难的结发妻子不能休掉。

【赏析】

宋弘的这句话因为充满了人情味而深受广大百姓的夸赞，千古流传。的确，人总有失意、危难的时候，在你最痛苦的时候，别人伸出援助之手，有时甚至不顾自己的利益得失，去尽道义、朋友之责，帮你渡过难关，这样的朋友值得信赖，不能忘记。同样和你携手共渡危难，经过风风雨雨磨难的妻子是最为珍贵的，不能抛弃。这句话出自东汉的宋弘之口。当时刘秀的姐姐湖阳公主新寡，看上了宋弘，想嫁宋弘，宋弘则认为当一个人富贵后忘记老朋友和结发妻子是很遭人唾骂的，所以就婉言谢绝了这一亲事。

穷则变，变则通，通则久。

【注释】

选自《后汉书·马衍传》。通：通达，通顺。

【译文】

贫穷就要想办法改变，有所改变事情就能行得通，通达以后国家就能长久。

【赏析】

事物处于不断发展变化中，只有适时求变，才能长盛不衰，这是自然发展的规律，只有遵循这个发展规律，社会才会发展，国家才会进步。如果凝固停滞，因循守旧，拒不接受新生事物就意味着保守落后，它是社会进步、人类发展的一大障碍。马衍劝廉丹改变思想观念与做事方法，以求立于不败之地，但廉丹拒不听从，定要与赤眉军决一死战，最后兵败身亡，这就是不知适时求变，由通至达的恶果。

天网恢恢，疏而不失。

【注释】

选自《后汉书·郎颉传》。天网：天道的网，指自然的惩罚。恢恢：宽广的样子。疏：稀，不密。失：错过。

【译文】

天道公平，做恶就要受惩罚，它看起来很稀疏，但绝不会放过一个坏人。

【赏析】

天子犯法与庶民同罪，可见在古代法律面前也是人人平等的。法律的平等体现在它的公平与公正上，如果做恶多端终究逃不过法律的制裁，它警示人们不要以身试法，自取灭亡。

浊其源而望清流，曲其形而欲景直，不可得也。

【注释】

选自《后汉书·刘般传》。浊：浑浊不清。源：水流始出的地方。曲：扭曲。景：通“影”，影子。不可得：不可能。

【译文】

希望从浑浊的源头流出清澈的泉水，希望扭曲的形体有笔直的影子，这都是不可能的。

【赏析】

这说的就是正人先正己，上行下效的道理。文武百官是百姓的榜样，要想赢得民众的信任，自身首先要坐得端，行得正，以身作则，百姓才会效仿，政治风气与社会风气自然也会好转。如果不想改变自己而一味想让老百姓有所改变的话无异于缘木求鱼。

天知、地知、我知、子知，何谓无知？

【注释】

选自《后汉书·杨震传》。

【译文】

天知道，地知道，我知道，你知道，怎么能说不知道呢？

【赏析】

“豹死留皮，人死留名。”从古至今，很多志士仁人对自己的声誉都是倍加珍惜的，历史上这样的例子不胜枚举。东汉时的昌邑县令夜间怀巨金贿赂杨震时说：“暮夜无知者。”杨震回答说：“天知、地知、我知、子知，何谓无知？”杨震断然拒绝贿金，维护了自己的清白人格，因此才有“震威四知”一语出现。拒绝贿赂是为官清廉的一种表现，平时就要检点自己，从待人到律己都应注意维护声誉，保持心灵的完美，内心不能有犯罪的念头。所以，修身养性要从慎独做起，即使在别人看不见听不到的情况下，也绝对不要做任何见不得人的坏事，不要因为自己一时的贪欲而毁了自己一世的清白。

君者舟也，人者水也。

【注释】

选自《后汉书·皇甫规传》。

【译文】

君主是船，人民是水。

【赏析】

建康元年（144），年仅30岁的顺帝死后，立了年仅两岁的皇子刘炳为帝。梁太后临朝，其兄梁冀辅政。梁冀虽“辞不肯当”，实际上却早就独擅朝政，而且“侈暴滋甚”，使得天下大乱，人民流离失所，皇甫规针对这一情况上书梁太后，指出“君者舟也，人者水也。”梁冀身为国戚，居高位“宜增修谦节”，“省去游娱不急之务，割减庐第无益之师”，否则自下而上的反抗会使任何王朝顷刻覆灭。他的言论正确阐述了君民关系，有一定的民本思想。

死者不可复生，来者犹可救也。

【注释】

选自《后汉书·和帝纪》。

【译文】

死去的人不可能再生还，但后来的人还可以去挽救。

【赏析】

汉代南海郡一直有向皇帝献荔枝、龙眼的制度。因为龙眼、荔枝都是鲜果，摘下几天就要变味，所以要用快马一站接一站地递送到洛阳，中途不避山势险阻和虎狼之害，日夜不停。所以每年都有很多人马因为荔枝、龙眼而死在途中。汝南人唐羌为临武长，亲眼目睹每年送荔枝、龙眼经过临武的情况，于是上书汉和帝，以“死者不可复生，来者犹可救也”谏劝，说服和帝放弃奢靡，防止一错再错。汉和帝接到唐羌的谏书，下诏说：“远国珍羞，本以荐奉宗庙；苟有伤害，岂是爱民之本。通知太官不再受献”。从此，就免去南海郡献荔枝、龙眼了。

不入虎穴，不得虎子。

【注释】

选自《后汉书·班超传》。

【译文】

不进入老虎居住的山洞，就抓不到小老虎。

【赏析】

公元73年，班超奉命率队出使西域。班超等首先来到鄯善，鄯善王国接待他们热情有礼，过了一阵却忽然怠慢起来。原来匈奴使者也来到鄯善，由于惧怕匈奴，他们不敢亲近汉朝使者。于是班超召集随从商讨计策，认为“不入虎穴，不得虎子”，要主动进攻，趁夜晚火攻匈奴使者营地，出其不意歼灭他们，否则只有让尸骨长留异域喂豺狼了。当夜，班超率众杀掉了匈奴使团，赢得了主动权，使鄯善国归附汉室。

志士不饮盗泉之水，廉者不受嗟来之食。

【注释】

选自《后汉书·乐羊子妻传》。志士：有远大志向的人。廉者：正直的人。嗟来：比喻带有污辱性的施舍。

【译文】

有远大志向的人不喝盗泉里的水，刚直方正的人不接受带有轻蔑性的施舍。

【赏析】

这是乐羊子妻劝乐羊的一句话，当时乐羊在路上捡到一块金子，交给妻子后妻子不仅不高兴，还把乐羊数落了一番，她说："我听说有志之人不喝盗泉的水，廉洁的人不接受带有轻蔑性的施舍，况且拾到别人丢弃的金子以求得私利，来玷污自己的行为"。乐羊听后非常惭愧，又把金子放回了原地，之后就出门拜师求学了。乐羊子妻这种深明大义、见利不动的高贵气节使人由衷感到敬佩。

安贫乐道，恬于进趣。

【注释】

选自《后汉书·韦彪传》。安贫：安于贫困。乐道：以守道为乐。恬：淡漠，淡泊。进趣：努力向前，有所作为。

【译文】

处于贫困境地，仍以守道为乐，淡泊于努力有所作为。

【赏析】

物质贫穷并不可怕，所谓穷且亦坚，儒家也提倡安贫乐道的处世原则，即物质上贫穷，但精神上却很富有，在淡泊中努力地有所作为。但有一些人却理解错了，他们以安息为本，安命不争，只会逆来顺受，缺乏抗争精神，恬于进趣，一个社会这样的人多了，社会就会失去活力，就会影响社会的进步与发展。

君子自强不息，斯其道也。

【注释】

选自《后汉书·黄琼传》。

【译文】

君子应不懈地努力，自强不息奋斗不止，这才是君子之道。

【赏析】

自强不息是一种奋斗精神，它积极进取，永不言败。中国有许多优美、动人的传说，如“夸父逐日”“精卫填海”所反映的就是这样一种可贵精神，这类人不轻易接受命运的安排，不满足于现实，而是着眼于未来，他们不会为今天的黑暗所迷惑，亦不会为一时的挫折所吓倒，在漫漫的征途上，他们会永远上下求索。

智者弃短取长，以致其功。

【注释】

选自《后汉书·王符传》。

【译文】

聪明人舍弃短处，发挥长处，以此来取得成功。

【赏析】

尺有所短，寸有所长，只有扬长避短、藏拙露乖才能使自己的优势得以彰显，缺点得以掩饰。因

【岁华纪胜图】册 局部 ［明］ 吴彬　中国台北故宫博物院藏　　56－2

【岁华纪胜图】册 局部 [明] 吴彬 中国台北故宫博物院藏 56-2